STEFFEN
SCHROEDER

MEIN SOMMER MIT ANJA

Roman

Rowohlt Taschenbuch Verlag

Veröffentlicht im Rowohlt Taschenbuch Verlag, Hamburg,
August 2021

Covergestaltung any.way, Barbara Hanke / Cordula Schmidt,
nach einem Entwurf von Anzinger und Rasp, München
Coverabbildung Sam A. Harris
Satz aus der Whitman
bei Dörlemann Satz, Lemförde
Druck und Bindung CPI books GmbH, Leck, Germany
ISBN 978-3-499-00045-4

Für U.

Meine Seele bist du, und ich bin die deine,
Zwei Seelen sind wir, und sind doch nur eine.

NIZAMI, «LEILA UND MADSCHNUN»

«Vierundvierzig, fünfundvierzig, sechsundvierzig ...»

Holger lehnte an der großen Buche, seine Hand über die Augen und gegen die Stirn gepresst, und zählte bis hundert.

Es war ein ungleiches Spiel. Wenn ich ihn suchen musste, fand ich ihn nach wenigen Sekunden, denn fast immer nahm er dasselbe Versteck: Er hockte sich hinter den großen Haselnussstrauch neben dem Schuppen auf dem weitläufigen Grundstück, das sein Wohnhaus umgab. Dort saß er und steckte den Kopf zwischen die Knie, die er zugleich mit seinen Armen umschlang. Ich sah dann gar nicht hin, lief um den Schuppen herum, seinen Namen rufend, und Holger kicherte leise glucksend in sich hinein.

Ich spielte das Spiel immer wieder mit – es machte mir Spaß, ihm eine Freude zu bereiten. Holgers Aufregung, die mit jedem meiner Rufe hörbar anwuchs, indem sein Glucksen immer lauter wurde, erzeugte auch bei mir eine ganz eigentümliche Spannung. So funktionierte das Versteckspiel, das eigentlich gar keines war.

War ich an der Reihe, zog sich das Spiel oft deutlich in die Länge. Meine Verstecke waren immer neu, sorgsam ausgewählt, sodass Holger mich fast nie fand. Nach einer gewissen Zeit geriet er regelmäßig in Panik – was mich ebenfalls reizte. Erst wenn ich spürte, dass er kurz vor dem Verzweifeln war, sein suchendes «Konni?» immer zittriger klang und sich ein wimmernder Unterton hineinmischte, gab ich endlich einen entlarvenden Laut von mir. Wenn Holger mich schließlich fand, war seine Freude überschwänglich: Er fiel mir um den Hals, drückte mich an sich, und ich erlebte jedes Mal aufs Neue das irgendwo wohltuende Gefühl, dass er wirklich Angst um mich gehabt hatte.

Ich weiß nicht mehr, ob ich es aus Langeweile tat oder ob es ein Sich-Ergötzen an diesen echten Emotionen war, dieser, ja, Liebe, die mir entgegenströmte, wenn ich, der Verlorengeglaubte, endlich wiedergefunden war. Auf jeden Fall dehnte ich das Spiel im Lauf der Zeit immer weiter aus, suchte mir Verstecke, in denen mich Holger immer schwerer finden konnte und aus denen heraus ich in eigener Regie bestimmen konnte, wann ich ihn aus der verzweifelten Suche erlösen würde.

«Einundsiebzig, zweiundsiebzig, dreiundsiebzig ...» Holger spuckte die Worte an der Buche nun schon laut hervor. Wenn es auf die Hundert zuging, wurde er immer lauter. Ich lief dieses Mal immer noch suchend umher. In meinem Ehrgeiz, unauffindbar zu sein, bahnte ich mir schließlich einen Weg durch Springkraut und Brennnesseln hoch zum Damm des Eisbachs. Natürlich würde Holger dieser verdächtigen Spur heruntergetretenen Unkrauts erst einmal leicht folgen können.

Das Ufer am Eisbach war verwildert. Unten vor dem Damm standen alte Buchen, Eichen, ein paar Ahornbäume. Auf dem Damm oben schossen dünne Ahorntriebe in die Höhe, hier und da kleine Birken, zwischen ihnen wuchsen mächtige Laubbäume. Ich versteckte mich hinter einer alten Weide und starrte in das flaschengrüne Wasser des Bachs, der mit gewohnt kräftiger Strömung vor mir floss.

Holger musste jetzt fertig sein mit dem Zählen. Ob er mir bereits auf den Fersen war? Ich ging in die Knie und lugte vorsichtig hinter dem Stamm hervor, zurück in die Richtung, aus der er kommen musste. Da blieb mein Blick an einem Brombeergebüsch hängen, wenige Meter vor mir. Das Gestrüpp an sich war nicht weiter ungewöhnlich. Ungewöhnlich war das runde Loch am Boden, das mitten in die dornigen Ranken führte. Eine Öffnung, so groß, dass man hindurchschlüpfen konnte. Wie ein dunkles Tor in eine andere Welt, das mich magisch anzog.

Irgendwo in der Ferne hörte ich Holger meinen Namen rufen. Da kniete ich schon auf allen vieren vor dem Loch. Vielleicht ein Wildschweinversteck?

Mein großer Bruder regte sich über die Wildschweine auf, die im Herbst unsere Fußballwiese umpflügten, wenn sie nach etwas zu fressen suchten. Um diese Jahreszeit wagten sie sich für gewöhnlich nicht aus dem Wald heraus. Ich blickte in das holzige Dunkel, lauschte kurz, dann kroch ich hinein. Der Boden war hart, die Dornen hingen über mir.

Nach zwei Metern lichtete sich das Gebüsch. Vor mir lag eine dunkle, lehmige Fläche, nicht viel größer als unsere Speisekammer, auf einer Seite ragte ein schon halb abgestorbener Ahorn aus den Brombeeren, auf der anderen stand eine Eibe. Eines war mir sofort klar und erfüllte mich mit diebischer Vorfreude: Hier würde mich weder Holger noch irgendjemand anders jemals finden.

Plötzlich hörte ich ein hektisches Flattern dicht über mir: Ein Buntspecht landete am Stamm des Ahorns. Majestätisch sah er aus, mit seinem schwarz-weißen Gefieder und dem leuchtend roten Fleck am Hinterkopf. Er saß nur kurz da, dann nahm er mich wahr und flog davon.

Ich legte mich auf den Boden und sah in den wolkenlosen Himmel. Wohlige Ruhe durchströmte mich. Zusammen mit meinem Bruder hatte ich – so lange, bis seine Fußballleidenschaft ihn komplett vereinnahmte – regelmäßig Lager gebaut: kleine Rückzugsorte, die wir für uns hatten. Wobei diese Lager ganz unterschiedlich ausfallen konnten: Manchmal errichteten wir am Ufer des Eisbachs aus trockenen Zweigen, ein paar Brettern und zugeschnitzten Ruten kleine Hütten, ein anderes Mal gruben wir ein tiefes Loch in die Erde, groß wie ein Grab, das wir mit Ästen und Latten bedeckten, und breiteten anschließend zur Tarnung Laub darüber. Im Winter bauten wir aus Schnee große Iglus. In der Regel wurden diese kleinen Behausungen nach einigen Tagen oder höchstens Wochen von anderen Jungs zerstört – eine gegnerische Hütte plattzumachen, das ließ sich kaum einer entgehen.

Holger wohnte auf der Straßenseite gegenüber. Er war noch ein Jahr älter als mein Bruder, schon siebzehn, aber kaum größer als ich. Holger hatte dünne schwarze Haare, die sich wie Zuckerwatte anfühlten, und trug eine große silberne Brille mit Doppelsteg, wie ich sie von Helmut Kohl aus der «Tagesschau» kannte.

Ob im Sommer oder Winter, stets lief er mit seinen X-Beinen in schwarzen Cordhosen herum, und darüber trug er ein weißes Polohemd, das nach Weichspüler roch. Wenn er sprach, hörte es sich an, als läge seine Zunge in seinem Mund wie ein lästiger Fremdkörper, den es auszuspucken galt. Und ein bisschen spuckte er auch, oft hingen kleine weiße Spuckefetzen in seinen Mundwinkeln. «Feuchte Aussprache» nannte das mein Bruder und hielt immer etwas Abstand zu Holger. Wie überhaupt die meisten Leute.

Holger besuchte eine Sonderschule. Es wäre übertrieben zu sagen, dass wir uns gleich angefreundet hätten, unsere Freundschaft war eher entstanden. Es passierte an einem Nachmittag, kurz nachdem er mit seinen Eltern im Haus gegenüber eingezogen war. Ich spielte oft mit meinem Bruder und Freunden in dem parkartigen Gelände, das Holgers Haus umgab. Und irgendwann hatten wir dort den Neuen entdeckt. Dass er irgendwie anders war, war nicht schwer zu erkennen. Bald hatten wir uns einen Spaß daraus gemacht, dass Holger alles tat, was man ihm sagte. Erbse, ein älterer Kumpel meines Bruders, gab den Ton an. Eigentlich hieß er Robert Erbskorn, aber alle nannten ihn nur Erbse. Ich habe mich immer gefragt, ob Erbse so fies war, weil er versuchte, gegen diesen lächerlich klingenden Spitznamen anzukämpfen. Oder ob wir versuchten, ihn durch diesen Namen harmloser erscheinen zu lassen, als er eigentlich war: ein grobschlächtiger Typ mit reichlich Pickeln im Gesicht, vor dem insgeheim alle Angst hatten.

«Iss den leckeren Regenwurm!», forderte Erbse Holger mit einem Grinsen im Gesicht auf. Dabei hielt er ihm einen mächtig großen Wurm entgegen, der sich um seine kurzen, dicken Finger ringelte. Und Holger tat auch das, nachdem er zuvor bereits Ameisen gegessen und Pfützenwasser getrunken hatte.

Wir lachten und gruselten uns. Gleichzeitig war mir unwohl. Was wir taten, war nicht so richtig gut, das wusste ich. Schnell verlor Erbse die Lust an diesem Spiel.

«Lass abhauen. Und du bleibst hier, Insektenfreund», sagte er zu Holger, der noch tapfer kaute. Holger ignorierte den Befehl beflissen und folgte uns auf Schritt und Tritt.

«Mit dem Freak im Schlepptau kann man nichts anfangen», meinte Erbse schließlich entnervt. Wir fingen an zu laufen. Holger stolperte uns mit seinen schiefen Beinen hinterher.

«Wartet», spuckte er hervor, «wartet auf mich!»

Ich zögerte, sah mich nach ihm um, war unschlüssig. Er tat mir leid und war mir gleichzeitig etwas unheimlich, und ich wollte von den anderen nicht abgehängt werden. Die rannten bereits auf die Straße zu, in der Holger und ich wohnten, als ich mich endlich von ihm abwandte und ebenfalls in den Laufschritt verfiel.

«Konni!», schrie Holger mir flehend hinterher. Ich weiß nicht, wie er auf den Namen kam, denn ich fand diese Koseform höchst unpassend und mochte sie überhaupt nicht. Während ich noch überlegte, was ich ihm antworten könnte, gerieten Holgers Cordknie aneinander, er stolperte und landete in einer der Pfützen, aus denen er gerade noch getrunken hatte. Er jaulte auf, ich blieb erschrocken stehen. Und aus dem Haus, in dem er wohnte, kam eine Frau gelaufen, die aussah wie eine Indianerin aus den Winnetou-Filmen: Sie hatte glänzend schwarze, lange Haare, streng nach hinten zu einer Art Knoten gebunden, trug dunkles Make-up und hatte die Lippen und Lider reichlich grell geschminkt.

«Holger», schrie sie gellend, und mir wurde schlagartig klar, dass sie keine Apachin war: Das Schwarz ihrer Haare war dasselbe wie auf Holgers Haupt. Von meinen Freunden war nichts mehr zu sehen. Während Holger sich wimmernd aufrichtete und ich noch überlegte wegzurennen, war die falsche Squaw schon bei mir und packte mich im Genick.

«Schämt's ihr euch nicht?», fuhr sie mich an. «Macht hier eure Späße auf Kosten von dem behinderten Bub!»

Ihr Gesicht wurde noch bunter, als es ohnehin schon war.

«Das ist der Konni», sagte Holger, inzwischen wieder wacklig auf seinen Beinen stehend, «der ist mein Freund, Mama!»

Er grinste breit.

Ich schämte mich. Wie ein Freund hatte ich mich nicht gerade verhalten. Trotzdem stimmte ich nickend zu: «Ich hab ihm doch geholfen!» Und gab zu verstehen, dass ich der Einzige in der Runde gewesen war, der zu ihm gehalten hatte.

Sie sah mich misstrauisch an. Dann teilte sie mir mit, was ich sowieso schon wusste, nämlich dass sie Holgers Mutter sei, und begann, seine Brille mit ihrem Taschentuch zu putzen.

«Ich hab Durst», grunzte Holger.

«Kriegst eine Limo im Garten», erwiderte sie fürsorglich, während sie sein Gesicht mit dem Tuch abtupfte, «und dein neuer Freund, der Konni, kann ja mitkommen.»

«Ich heiße Konrad», versuchte ich mich gegen diese Verunglimpfung meines Namens zu wehren, «außerdem ... muss ich, glaub ich, nach Hause.»

Sie sah mich mit strengem Indianerblick an und meinte nur: «Ja, das musst du wohl. Aber auf ein Glas Limo hat der Konni schon noch Zeit.»

Holger nickte eifrig, und so beugte ich mich meinem Schicksal. Ich begleitete die beiden hinter das Haus, wo für die Mieter ein paar kleine Gärten angelegt waren, durch grüne Maschendrahtzäune voneinander getrennt. Holger und ich nahmen auf einer Holzbank unter einem Apfelbaum Platz, während die Indianerin aus dem Gartenhäuschen eine Flasche Orangenlimo und Gläser holte.

«Der Holger hat bei der Geburt nicht genug Sauerstoff bekommen», erklärte sie, während sie kühle Limo in mein

Glas schenkte, «er wollte nicht gleich heraus in die Welt. Sie mussten ihn mit der Zange holen.»

Holger nickte dazu eifrig und strahlte mich an.

Die Vorstellung, ein Baby mit einer Zange aus dem Mutterleib zu ziehen, schien mir so brutal, dass ich mich wunderte, dass von Holger überhaupt noch so viel übrig geblieben war. Ich nippte verlegen an meiner Limo.

«Soll ich dem Konni meine Bienen zeigen?», fragte er seine Mutter.

«Wenn du magst.» Die Make-up-Kriegerin zuckte mit den Schultern und strich ihm liebevoll die schwarze Zuckerwatte aus der Stirn.

Holger stand auf, lief ins Gartenhäuschen und kehrte mit einem großen Einmachglas zurück. Es war etwa zur Hälfte mit kleinen schwarzen Punkten gefüllt.

Stolz drückte er mir das Glas in die Hand. Auf den ersten Blick dachte ich, es wären dunkle Linsen darin, aber beim näheren Hinsehen erkannte ich: Hunderte und Aberhunderte von Facettenaugen starrten mich an. Das Glas war voller Bienenköpfe.

Ich erschrak, sah auf und blickte in Holgers erwartungsvolle Augen. Die bayerische Indianerin streichelte sein Haar und lächelte mir zu.

«Die stechen den Holger nimmer», sagte er strahlend, und die Indianerin nickte.

«Kooonni», riss mich Holgers verzweifelter Ruf aus meinen Gedanken, «wo bist du?»

«Hier!», schrie ich, auf einmal selbst erschrocken, weil ich gar nicht mehr wusste, wie viel Zeit vergangen war. «Hier bin ich!»

Der Stimme nach schien er gar nicht weit weg zu sein, und gerade wollte ich durch die Brombeeren hinauskriechen, als ein kleiner Schatten auf mich fiel: Der Buntspecht war wieder am Stamm des Ahorns gelandet und verschwand lautlos in einem kleinen Loch im gräulich trockenen Holz, um das herum die Rinde abblätterte.

Kaum war ich herausgekrabbelt, fiel mir Holger in die Arme und legte den Kopf auf meine Schulter. Seine Zuckerwattehaare kitzelten an meiner Wange, und durch sein Polohemd spürte ich das Rasen seines Herzschlags.

«Ich hab was», flüsterte ich, «ich hab was gefunden!»

Holger war sofort von meiner Entdeckung begeistert. Die folgenden Tage verbrachten wir damit, unser Lager zu perfektionieren. Mit einer Gartenschere aus dem Kleingarten seiner Eltern entfernten wir alle störenden Brombeerranken, wir klauten Holzblöcke vom Stapel neben dem Schuppen und stellten sie als Stühle auf. Mit trockenem Moos aus dem Wald legten wir einen Teil des Bodens aus und bedeckten den Rest mit frischem Laub. Eine Stelle, an der das Dickicht etwas lichter war und man hinaussehen konnte, stopften wir mit dürren Ästen und trockenem Schilf. Während wir arbeiteten, sang ich Holger die aktuellen Hits von Udo Lindenberg, Nena und Spliff vor, und irgendwann summte Holger immer mit. Den Specht sahen wir täglich. Oft saß er irgendwo am Stamm des Ahorns und pickte an der Rinde.

«Guck mal, unser Hausspecht!», sagte Holger, wenn er ihn entdeckte. Meist flatterte der Vogel dann davon, und Holger sah ihm lange hinterher.

II

Der Tag, an dem alles anfing, begann seltsam. Am Ufer des Eisbachs stand ein Junge, mit dem Rücken zu uns. Er hielt etwas in seinen Händen und schien es genau zu betrachten. Nur ein paar Meter entfernt, geduckt im hohen Springkraut, saßen Holger und ich, wie zwei Apachen auf dem Kriegspfad, kurz bevor sie über den Eindringling in ihrem Gebiet herfallen.

Erst als der Fremde sich zur Seite drehte, erkannten wir im gleißenden Sonnenlicht, was er dort so genau betrachtete: In seinen Händen lag der tote Specht.

«Konni», flüsterte Holger neben mir, «wieso hat er unseren Hausspecht getötet?»

Ich starrte auf den Jungen am Ufer und blieb ihm die Antwort schuldig.

Holger schnaufte schwer.

«Mörder!», entfuhr es ihm auf einmal. Der Fremde hörte es, drehte sich um, und wir waren mindestens so überrascht wie er: Es war ein Mädchen, ein Mädchen mit sehr kurzen, braunen Haaren, kürzer als meine. Ihre ganze Erscheinung war ziemlich burschikos. Eine einzige lange Ponysträhne fiel ihr jetzt in die Stirn, sie strich sie gleich wieder hinters Ohr. Sie mochte in unserem Alter sein, war schlank und von der Sonne gebräunt, ihre hellbraunen Augen hatten fast etwas Exotisches. Sie schaute uns forschend an, mit selbstbewusstem, stolzem Blick, in dem aber auch etwas Erschrockenes lag. Ob sie wohl Angst hatte, ging es mir durch den Kopf – oder war das eher meine eigene Angst? Denn dieses Mädchen, wie sie so dastand und stumm zu uns hersah, war mir unheimlich. Den Specht hielt sie immer noch in beiden Händen, fast wie ein totes Kind. Sein Gefieder glänzte, der Nackenfleck leuchtete rot, die Beinchen standen wie dürre Zweige in die Luft.

Sie sagte kein Wort. Eine kleine Weile standen wir alle da und starrten uns ratlos an. Eigentlich kannte man die Kinder, die einem nachmittags über den Weg liefen, zumindest vom Sehen. Dieses Mädchen war mir noch nie begegnet. Holger blickte mich verunsichert an. Sein Zorn war so schnell verflogen, wie er gekommen war. Wer so behutsam einen toten Vogel hielt, der konnte ihm unmöglich etwas angetan haben, das war klar.

Schließlich durchbrach ich die Stille.

«Wo …», ich musste mich räuspern, «wo hast du ihn gefunden?»

Sie sah mich durchdringend an, mit Augen, in denen ich nicht lesen konnte. Dann wandte sie den Kopf zu dem großen Ahorn und deutete mit dem Finger an den Fuß des Baumstammes.

Ich nickte fachmännisch. Auch wenn ich keine Ahnung hatte, wie Spechte sterben. Ob sie einfach, wenn ihre Zeit gekommen ist, vom Baum fallen wie reife Äpfel? Oder fliegen sie an den Fuß des Ahorns – ihres Ahorns – und legen sich ganz bewusst unten am Stamm zum Sterben nieder? Vermutlich wissen das nur die Spechte selbst.

Ich nickte und ging langsam ein paar Schritte auf sie zu, Holger kam mir nach.

Misstrauisch sah sie uns an und drückte die kleine Vogelleiche an ihre Brust. Ich blieb sofort stehen.

«Wir können», begann ich ruhig, «also, wenn du willst … können wir den Buntspecht beerdigen. Ich kenn einen

Platz, dahinten am Feldrand. Da haben wir schon mehrere Tiere begraben, stimmt's, Holger?»

Holger starrte sie mit offenem Mund an. Ein Spuckefaden hing an seiner Unterlippe.

Das Mädchen nickte zögerlich, und so machten wir uns auf den Weg, schweigend, ein eigenartiger kleiner Trauerzug. Wir liefen den Damm entlang, ich vorneweg, Holger hinter mir, dann das Mädchen mit dem Specht. Ein Stück flussaufwärts, vor dem Übungsgolfplatz, gab es eine kleine Brücke, auf der wir den Fluss überquerten. Auf der gegenüberliegenden Seite grenzte ein riesiges Maisfeld an den Damm des Eisbachs. Dahinter lief die Straße zum Aumeister, dem Biergarten am Ende des Englischen Gartens, in dem meine Eltern am Wochenende manchmal mit uns einkehrten.

Die Luft war erfüllt vom honigartigen Duft des blühenden Labkrauts, das den Feldrand mit gelben Tupfern durchsetzte. Am Stumpf des großen Eichenbaums machte ich halt. Bis man den Baum vor zwei Jahren nach einem Blitzschlag gefällt hatte, mochte es der älteste Baum weit und breit gewesen sein. Und auch wenn es jetzt nur noch ein abgestorbener Rest war, so war dies immer noch ein besonderer Ort. Früher mit meinem Bruder und dann mit Holger hatte ich hier mehrere überfahrene Igel und einmal ein Eichhörnchen feierlich bestattet.

Schweigend wühlten wir mit einem Stock als Werkzeug und unseren bloßen Händen ein kleines Loch in die Erde. Holger legte etwas Moos hinein. Dann bettete das Mädchen den Specht vorsichtig darauf.

Sein Auge glänzte noch immer klar. Es wirkte, als würde er mit offenen Augen schlafen. Holger sprach ein Gebet, wie er es immer tat. Wir sahen uns gegenseitig an, dann häuften wir Erde auf den kleinen Leichnam.

«Wie heißt du?», fragte ich, als wir die Erde auf dem Grab festklopften.

«Anja», antwortete sie leise.

Ich hatte mich schon gefragt, ob sie überhaupt sprechen konnte.

«Das ist Holger», sagte ich, auf Holger zeigend, der damit beschäftigt war, ein kleines Holzkreuz aus zwei Ästen zu bauen, «und ich bin –»

«Konni», unterbrach mich Holger und grinste breit.

«Ja ... also Konrad, oder Konni.»

Sie nickte. Ihr Blick war auch jetzt ungewöhnlich ernst. Eine Weile herrschte Stille, während Holger mit trockenen Gräsern die Äste verknotete. Als er mit dem Ergebnis zufrieden war, steckte er das kleine Kreuz behutsam in die Erde und meinte: «Holger mag Spechte gern.»

«Ich auch», erwiderte Anja und schenkte ihm ganz unvermittelt ein kleines Lächeln. Ihre hellbraunen Augen glänzten, und ich sah eine kleine Zahnlücke zwischen ihren Vorderzähnen.

Dann schien sie es plötzlich eilig zu haben. Sie verabschiedete sich mit einem kurzen «Ciao» und lief, ohne sich noch einmal umzudrehen, zurück zur Brücke. Wir sahen ihr hinterher. Oben am Damm bog Anja nicht Richtung Straße ab, sondern flussaufwärts, wo keine Häuser mehr kamen, nur, irgendwann, der Übungsgolfplatz. Das wunderte mich.

//

Seit einer Weile wache ich sehr früh morgens auf, völlig unfähig, wieder einzuschlafen. Wenn es nicht gerade regnet, gehe ich laufen. Es ist das Einzige, was ich tun kann, um mich ein wenig zu entspannen. Wenn ich allein durch den Park jogge, habe ich das Gefühl, Stück für Stück wieder die ganze Welt wahrzunehmen. Und damit einhergehend, unweigerlich, auch mich selbst.

Vor zwei Wochen bin ich aus unserem kleinen Reihenhaus ausgezogen, oder vielmehr, meine Frau hat mich rausgeworfen. Nach fünfzehn Jahren Ehe ist sie der Meinung gewesen, es sei Zeit für eine Veränderung, für einen Neuanfang. Und der soll ohne mich stattfinden. Kurz bevor sie mir das ganz unverblümt mitgeteilt hat, haben wir noch eine Glückwunschkarte zur «gläsernen Hochzeit» bekommen. Was für ein bekloppter Ausdruck, dachte ich da noch, und nun erweist er sich im Nachhinein als so treffend. Der Krug geht so lange zum Brunnen, bis er bricht, und nun ist die Zeit dafür anscheinend reif gewesen.

Grübelnd sitze ich in meiner kleinen Küche und schlürfe einen Kaffee. Es ist eine unglaublich hässliche Küche mit alten, verranzten Einbauschränken in billigem Eichenfurnier. Ich bin ein Fremder in meiner eigenen Wohnung. Und bisher habe ich weder den Mut gehabt noch die Lust verspürt, sie mir auch nur ein kleines Stück zu eigen zu machen.

Ich ziehe meine Laufsachen an, schließe die Tür hinter mir und jogge die Straße hinunter zum Park. Es ist Mitte August, die morgendliche Kühle lässt bereits das nahende Ende des Sommers erahnen, eines Sommers, der sich von Anfang an wie ein Herbst angefühlt hat: kaum hohe Temperaturen und ständig dieser Regen.

Ich überquere die Straße, laufe vorbei am Obelisken, rüber zum Parkeingang. Der Wildwuchs auf der kleinen Wiese davor ist dank des vielen Regens in die Höhe geschossen. Ausgeblühter Giersch und hohe Brennnesseln säumen den kleinen Trampelpfad. Im Vorbeilaufen reiße ich mir ein paar Brennnesselnüsschen ab, stecke sie in den Mund, und da höre ich ihn. Er sitzt am Stamm einer Buche: *Dendrocopos major*. Großer Baumschläger. Der deutsche Name Buntspecht klingt im Vergleich doch sehr profan. Ich halte inne und blicke hinauf. Ein junges Männchen. Seine rote Kappe leuchtet. Er trommelt laut, für diese Jahreszeit ungewöhnlich.

Ein lähmendes Gefühl legt sich in meine Brust. Der Specht hält kurz inne, bevor er wieder laut und schnell an den Baum klopft. Ich sehe ihn an, wie er dort sitzt mit seinem wunderschönen Gefieder, der stolzen roten Kappe auf dem Kopf, sein schwarzer Schnabel glänzt im Morgenlicht.

Und plötzlich spüre ich eine unglaubliche Wut in mir.

«Hau ab!», schreit es aus mir heraus, ich klatsche heftig in die Hände, und der Specht flattert davon.

Manchmal, am frühen Morgen, wenn die Sonne noch ganz niedrig am Horizont steht, ziehe ich die Schuhe aus und laufe barfuß über die Wiese. Aber das geht nur, wenn niemand sonst da ist. Denn dann laufe ich zurück in meine Kindheit, laufe über die große Wiese im Freibad neben unserem Haus, und mein Bruder läuft neben mir her.

//

Wir waren die Könige des Freibads. Oder jedenfalls fühlten wir uns so. Das Haus, in dem wir wohnten, gehörte Familie Kaltenbach, den Eigentümern der Floriansmühle. Es war das einzige private Freibad in München. Geöffnet war es erst ab Mitte Mai, wenn die Sonne den Eisbach, der durch das Gelände floss und das Schwimmbecken mit seinem kalten Wasser versorgte, zumindest ein bisschen erwärmt hatte. Jedes Jahr konnten wir es kaum erwarten, bis das Schwimmbad seine Tore öffnete. Von nun an bis über die Sommerferien hinaus war die Floriansmühle unser zweites Zuhause.

Mein Bruder und ich durften ohne Eintrittskarte an der Kasse vorbeischlüpfen. Wir nickten Oma Kaltenbach, die im Kassenhäuschen saß, nur höflich zu, und sie winkte uns durch. Als Mieter hatten wir freien Eintritt. Oma Kaltenbach sah aus wie eine alte Schildkröte, mit faltigem Hals und kleinen, klaren Augen, in denen die Weisheit uralter Wesen schlummerte.

Wir liefen am Kiosk vorbei, über die kleine Brücke am Bach, vorbei an den fünf Bistrotischen, an denen man am Kiosk erstandene Würstchen verzehren konnte oder den von Oma Kaltenbach gebackenen Apfelstrudel. Am letzten Tisch saßen immer ein paar Rentner, oder zumindest hielt ich sie für welche, da sie in meinen Augen sehr alt waren. Braun gebrannt hockten sie da in ihren knappen Badehosen, spielten Schafkopf und tranken dazu Bier oder eine Reblaus. Das Bier war uns lieber, denn sie schenkten uns, wenn wir freundlich fragten, die leeren Flaschen. Auf die Reblaus-Fläschchen gab es dagegen kein Pfand.

Mein Bruder gab den Ton an: «Schau du schon mal bei den Alten vorbei, ich guck, ob's Bälle gibt», und damit wandte er sich dem Eisbach zu, der neben dem geteerten Weg strömte. Der Bach war nicht gerade besonders klar, aber wenn die Sonne schien, konnte man manchmal bis zum Grund blicken. Mein Bruder starrte konzentriert ins grünliche Nass, und ab und zu kräuselten sich seine von der Sonne hellblond gebleichten Augenbrauen. Dann hechtete er ohne Anlauf ins Wasser, tauchte ab und kam, einen Golfball in der Hand, wieder hoch. Zwei Kilometer bachaufwärts lag der Übungsgolfplatz, laut meinem Bruder lag die Betonung auf Übung: «Viele sind halt noch nicht so weit. Und dann landet der Ball im Bach. Und wer holt ihn wieder raus, mein Lieber? Ich!»

Er zwinkerte mir zu und deutete stolz auf seine nasse Brust. Wenn mein Bruder zehn Bälle zusammenhatte, fuhr er mit seinem BMX-Rad zum Golfplatz und tauschte die Bälle in einen blauen Zehn-Mark-Schein um.

Es gab eine strenge Arbeitsteilung bei uns. Mein Bruder war zwei Jahre älter als ich. Natürlicherweise hatte er das Sagen, oder vielleicht war er auch einfach mutiger. Während mein Bruder ohne Zögern jeden Sprungturm bestieg, sich weit hinten im Freibadgelände, wo keine Erwachsenen mehr waren, unter die Sechzehnjährigen mischte und sogar furchtlos die streng verbotene Mutprobe bestand, in den Strudel am alten Mühlengebäude zu springen, direkt neben dem Schild «Achtung! Lebensgefahr!», hatte ich zwei Sommer zuvor, mit elf Jahren, das Schwimmen überhaupt erst gelernt.

Und das auch nur weil ich einen Großteil der Sommerferien bei meiner Großmutter in Franken verbracht hatte. Meine Großmutter hatte mir in ihrer ruhigen, geduldigen Art und mit Hilfe eines Bademeisters, den sie bei unseren täglichen Schwimmbadbesuchen mit Zigaretten um kleine Übungseinheiten bestach, schließlich die Furcht vorm Wasser genommen. Zuvor hatten sie mich oft gehänselt, ich sei wasserscheu. Ich war mir jedes Mal doof vorgekommen, dieses Wort wurde den Umständen so gar nicht gerecht. Ich liebte es, im Wasser herumzuplantschen, aber sobald ich tiefer hineingeriet und sich der Wasserspiegel meinem Hals näherte, geriet ich in Panik. Der Gedanke, richtig mit dem Kopf unterzutauchen, war mir der reinste Graus.

Meine Mutter hatte eine logische Erklärung dafür, bei der sie immer ratlos mit den Schultern zuckte: «Als Kleinkind ist er mir zweimal ins tiefe Becken gefallen, und ich hab's nicht gleich gemerkt. Als Mutter von zwei so lebhaften Jungs ist man immer überfordert. Man muss sich ja um alles doppelt kümmern.»

Zum Glück hatten andere Badegäste damals noch rechtzeitig entdeckt, wie ich, fast schon unter Wasser, hilflos herumruderte, und mich herausgezogen. Aber die Erinnerung schien sich mir eingebrannt zu haben. In jenem Sommer hatte meine Großmutter die Angst in wochenlangen Schwimmbadbesuchen gelöst, und so trug ich von da an stolz ein bronzefarbenes Freischwimmerabzeichen an meiner blauen Badehose. Dass mein Bruder daneben bereits das silberne und goldene Abzeichen aufgenäht hatte, störte mich überhaupt nicht.

Während mein Bruder nach Golfbällen tauchte, lief ich die Bistrotische ab und fragte nach Pfandflaschen. Das war unsere verlässlichste Einnahmequelle neben dem schmalen Taschengeld. Regelmäßig durchstreiften wir das riesige Freibadgelände, fischten Flaschen aus den Abfallkörben und lasen Leergut auf, das die Besucher achtlos auf der Liegewiese zurückließen. Wenn wir auf unserer Pfandjagd an Badegästen vorbeikamen, die noch leere Flaschen neben sich liegen hatten, knuffte mein Bruder mich in die Seite: «Frag mal.»

«Wieso ich?»

«Los, mach dein Mitleidsgesicht» war seine ständige Antwort, «kann keiner so gut wie du.»

Womit er nicht unrecht hatte. Ich konnte sehr höflich fragen und dazu große Augen machen. Und meistens gaben mir die Leute dann ihre leeren Flaschen. Die mein Bruder mit seinen langen Armen wiederum deutlich besser tragen konnte als ich. Und so lief er dabei immer hinter mir her, jede Menge Bier- und Limo-Flaschen gegen seinen gebräunten Oberkörper gepresst.

Nur manchmal änderte er plötzlich dieses eingespielte Konzept: nämlich dann, wenn neben dem Leergut kein bierbäuchiger Opa saß oder eine Familie mit ihren Kindern lagerte, sondern eine junge Frau in der Sonne lag, am besten noch oben ohne. Dann drückte er mir mit gespielter Beiläufigkeit die bereits erbeuteten Flaschen, die ich oft kaum halten konnte, in die Arme und nuschelte: «Ich mach schon», streckte seine muskulöse Brust raus und trat mit einem freundlichen «tschuldigung» ans Badetuch der betreffenden Dame. Dabei zog er seine Stirn eigenartig in Falten. Dieses Kräuseln war eine Mischung aus James Dean und Humphrey Bogart – ich hatte oft beobachtet, wie er diesen Blick lange vor unserem Badezimmerspiegel übte, bis er von seinem Effekt offenbar vollkommen überzeugt war.

Im letzten Sommer hatte ich mir noch eine zusätzliche Einnahmequelle erschlossen, an der mein Bruder auch nicht ganz unbeteiligt war. Freitags ab sechs Uhr abends durfte man sich zu Hause nur noch auf Zehenspitzen bewegen. Denn dann liefen auf Bayern 3 die Top Ten, und mein großer Bruder hatte alles dafür perfekt vorbereitet: Das alte Röhrenradio aus der Küche war auf der Fensterbank in unserem Zimmer aufgebaut, die Antenne auf optimalen Empfang ausgerichtet, was jede Woche ein wenig anders aussah. Unter keinen Umständen durfte ich in die Nähe dieser mitunter abenteuerlichen Konstruktion kommen. Neben dem Radiolautsprecher stand unser Kassettenrekorder, eine frische Chrome-BASF-Kassette aufnahmebereit eingelegt. Hoch konzentriert saß mein Bruder davor. Jeden Song versuchte er ohne das Gequatsche des Moderators mitzuschneiden, und wann immer ein verfrühter Einsatz des Sprechers oder gar eine Verkehrsmeldung sein Vorhaben torpedierte, fluchte er laut vor sich hin. Bis zum nächsten Freitag wurden die Songs dann rauf und runter gespielt, und so wurde ich ganz automatisch mit sämtlichen Hits der Neuen Deutschen Welle vertraut. Mit der Zeit kannte ich die Liedtexte auswendig, und zum Ärgernis meiner Mutter sang ich einen Song nach dem anderen den ganzen Tag vor mich hin. Zu Hause, auf der Straße, im Freibad.

Das fiel auch Rudi, einem der tiefbraun gebrannten Rentner an den Bistrotischen, auf, doch im Gegensatz zu meiner Mutter erfreute er sich daran. Irgendwann fragte er mich nach seinem Lieblingssong. Und von da an war die Sache klar: Ich wurde für die Rentner zur Jukebox, was auch immer Rudi von mir verlangte, hatte ich parat und sorgte am Rentnertisch regelmäßig für Lacher.

Zur Belohnung durfte ich das Leergut abernten. Es war ein Geben und Nehmen. Vom Pfandgeld kauften wir uns Eis oder ein Stück Apfelstrudel, und manchmal, was nicht häufig vorkam, sparten wir unsere Einnahmen an.

Im folgenden Frühjahr wurde ich vierzehn Jahre alt. Und dann kam der Sommer, der alles veränderte.

//

Den meisten Menschen tat Holger leid. Holger selber aber lächelte meistens. Ich kannte niemanden, der so viel lächelte und lachte wie Holger. Und ich meine, ehrlich lachte, nicht aufgesetzt. Holger war glücklich, und man sah es ihm an. Und wenn er ausnahmsweise einmal nicht so fröhlich war, sah man es ihm auch an. Er machte keinen Hehl daraus, es zu zeigen. Bei ihm wusste man, woran man war.

Wenn wir zusammen irgendwo auftauchten, hörte ich oft heimliches Tuscheln hinter unseren Rücken. Kleine Kinder starrten Holger an, und manchmal zeigten sie mit dem Finger auf ihn. Besonders, wenn er irgendwo im Freibad saß, auch in der größten Sommerhitze immer in seiner schwarzen Cordhose und einem weißen Polohemd. Waren die Kinder etwas größer, fingen sie an zu kichern oder machten Witze. Erwachsene sahen oft so absichtlich weg, dass es richtig auffiel, und gaben einem durch ein unnatürliches Alles-ganz-normal-Getue zu verstehen, dass sie überhaupt nichts normal fanden. Holger schien das alles nicht zu interessieren, oder er bemerkte es gar nicht.

Die Leute hatten eine gewisse Vorstellung von einem geistig Behinderten. Und Holger bot den Leuten bereitwillig genau das, was sie erwarteten. Er mochte vielleicht behindert sein, aber blöd war er nicht.

Wenn wir über die Liegewiese liefen und ich ihm zuraunte: «Spastblick!», zog er sofort den linken Mundwinkel eigenartig nach unten, rollte mit den Augen und röhrte dazu wie Chewbacca. Die Leute guckten dann etwas verstört oder sahen verschämt zur Seite, und wenn ich anschließend um das Leergut bat, konnte niemand es uns mehr abschlagen. Wir stellten uns dann in der Schlange am Kiosk an und kauften uns von dem Pfandgeld Wassereis. Ich nahm ein paar Papierservietten mit, die Holger mich bereitwillig in seinen Kragenausschnitt stecken ließ, damit das weiße Polohemd ohne Flecken blieb.

Wenn ich schwimmen ging, wartete Holger geduldig am Beckenrand. Sprang ich in den Wasserfall, in dem das kalte Wasser des Eisbachs ins große Becken stürzte, jubelte er mir zu. Und wenn ich mich, früher oder später vollkommen durchgefroren, in die Sonne legte, setzte er sich angezogen daneben.

Traf ich auf Mitschüler, erntete ich komische Blicke, verwundert oder mitleidsvoll oder irgendwas dazwischen. Einmal kam uns Erbse entgegen und meinte: «Na, hast du wieder deinen Spasti dabei?»

Holger röhrte laut, Erbse grinste und zog ab.

Wenn ich abends zu spät nach Hause kam, hatte ich immer eine gute Ausrede: «Ich musste Holger noch nach Hause bringen», «Holger ging's heut nicht gut», oder: «Holger hatte einen Epileptischen.» Meine Mutter war dann immer beeindruckt, wie «rührend» ich mich um «den Behinderten» kümmerte – so ähnlich hat sie es ausgedrückt. Für mich war das alles eigentlich ganz normal. Aber wie gesagt, man musste den Leuten geben, was sie erwarteten.

Als die Sommerferien begannen, war ich froh, dass Holger da war. Mein Bruder hatte nur noch Fußball im Kopf. Wenn er überhaupt in die Floriansmühle ging, dann mit seinem Ball unterm Arm, um hinten auf der großen Wiese vor dem Nuttengrill zu kicken. Der Nuttengrill war die Liegewiese rechts hinter den Duschen. Hier lagen die Models oder Schwabinger Mädchen, die sich für welche hielten. Sie breiteten sich oben ohne in der flirrenden Hitze aus, kein schattenspendender Baum weit und breit. Bekleidet nur mit schmaler Bikinihose und großer Sonnenbrille, taten sie gelangweilt und lagen scheinbar schlafend da, aber im Grunde warteten sie darauf, dass Auge oder ein anderer Bayernspieler oder wenigstens ein Fernsehregisseur auftauchte und sie entdeckte, auserkor, wozu auch immer. Denn in diesem Bad schwamm und vergnügte sich auch die Münchner Schickeria.

Vor der Wiese spielten die Jungs Fußball, und sie wollten genauso entdeckt werden. Allerdings musste man etwas älter sein und wirklich was auf dem Kasten haben, um hier mitkicken zu dürfen. Jeder Sechzehnjährige träumte davon, dass Auge auf ihn aufmerksam wurde. Sie jonglierten mit den Bällen, vollführten ihre einstudierten Tricks, aber wenn Auge wirklich mal vorbeikam, galt seine Aufmerksamkeit, wer kann es ihm verübeln, natürlich anderem. Hier versuchte nun also auch mein Bruder sein Glück, wenn er den Nachmittag nicht gleich im Fußballverein verbrachte.

Auf meinen bisher besten Freund, Julian Schöninger, war seit kurzem auch kein Verlass mehr. Julian war gut einen Kopf größer als ich, hatte schneeweiße Haut und rote Haare und trug die gleichen Nike-Turnschuhe wie Michael J. Fox in «Zurück in die Zukunft». Manchmal hatte er auch ein Paar echter amerikanischer Cowboystiefel an, mit denen er kleineren Schülern gern vors Schienbein trat. Julians Eltern waren geschieden, und er lebte mit seiner Mutter und seiner ein Jahr jüngeren Schwester Jasmin in einer riesigen Villa am Waldrand. Außerdem lebte dort noch eine riesige Dogge namens Brutus, vor der ich mich in Acht nahm. Sie war zwar gutmütig, aber auch das konnte nerven. Schon öfter war sie zur Begrüßung an mir hochgesprungen und hatte mich durch ihre bloße Wucht zu Fall gebracht. Besonders schlimm war es, wenn sie mir dann, um es wiedergutzumachen, mit ihrer waschlappengroßen rosa Zunge das Gesicht abschleckte. Wer das einmal hinter sich hatte, sah sich vor.

Julian hatte alles, was man haben konnte. Alles außer einem Vater. Das heißt, er hatte zwar einen, aber der lebte seit der Scheidung in Frankfurt, ein Geschäftsmann, der nie für seine Kinder da war. Darunter schien Julian zu leiden, was ich nicht verstand. Mein Vater war immer da, aber ich konnte nicht viel mit ihm anfangen und war froh, wenn er mal weg war. Ich hätte gerne mit Julian getauscht. Aber das sagte ich natürlich nicht, allein der Gedanke bereitete mir ein schlechtes Gewissen.

«Ich kann Kringel rauchen», hatte Julian am Nachmittag vor zwei Wochen behauptet und ein Päckchen Lord-Zigaretten seiner Mutter präsentiert. Julian hatte es schon länger mit Zigaretten und interessierte sich auch für alles Mögliche andere, was «dröhnte», wie er sagte. Da uns langweilig war, und wir bisher nur ein paarmal gepafft hatten, wollte ich mich vom Wahrheitsgehalt seiner Aussage überzeugen. Wir liefen in das Maisfeld neben dem Schwimmbadparkplatz, auf dem die Pflanzen bereits in zwei Meter Höhe geschossen waren. Julian paffte mir was vor, und in der Tat: Ein paar makellose Kringel gelangen ihm. Ich staunte nicht schlecht.

«Lass mich auch mal!»

Er gab mir eine Zigarette und Feuer.

«Du musst das wie so n Scheißkarpfen aus der Fischabteilung machen. Das geht am besten.»

Er spitzte übertrieben die Lippen und schnäbelte herum. Ich versuchte, es ihm nachzumachen, verschluckte mich aber und fing an zu husten.

«Mach dir nichts draus.»

Er spuckte in hohem Bogen aus, wie es die Cowboys im Western machten, und schnipste gekonnt seine Kippe ins Maisfeld: «Den Scheiß muss man einfach üben.»

Wir zündeten uns noch ein paar Zigaretten an und übten. Irgendwann war mir schwindelig und auch etwas übel.

«Eine ist noch übrig», sagte Julian, «was machen wir damit?»

«Keine Ahnung», ich zuckte mit den Schultern, «leg sie doch wieder auf den Couchtisch zurück.»

«Spinnst du? Wenn da nur noch eine Kippe drin ist, checkt meine Mutter sofort, was los ist. Nee, lieber die ganze Schachtel verschwinden lassen, dann denkt sie, sie hat sie verlegt. Oder Fräulein Schäfer.»

Fräulein Schäfer war die Haushälterin. Julians Mutter ging zwar selbst nicht arbeiten wie meine Mutter, die Sekretärin bei einer Außenhandelsfirma war, aber auf Haushalt hätte sie halt auch keinen Bock, hatte er mir mal erklärt.

«Also – willst du die?» Er hielt mir auffordernd die Schachtel hin.

Ich schüttelte den Kopf. Mir war nicht mehr so nach Rauchen.

«Steck du die mal ein», beharrte er, «ich hab keinen Nerv, dass meine Mutter die bei mir findet.»

Und ich hatte keine Lust auf Diskussionen. Deshalb nahm ich die Schachtel, einfach wegwerfen wollte ich sie auch nicht. Ich begleitete Julian nach Haus, wie sonst auch, und wir hörten Musik auf seinem Zimmer. Irgendwann tauchte mit irgendeinem Vorwand seine Schwester auf. Wie immer, wenn ich da war. Wie immer trug sie Klamotten in Zartrosa, Zartlila und anderen Zart-Tönen. Und wie immer sagte sie nicht viel, sah nur von Zeit zu Zeit zu mir her und senkte dann rasch ihre Lider mit den langen Wimpern, sodass ich den viel zu grell aufgetragenen blauen Lidschatten sah. Julian schickte sie für gewöhnlich nach ein paar Minuten fort, aber diesmal kam ich ihm zuvor. Ich fand Jasmin eigentlich hübsch, aber mich nervten ihre stillen Avancen, und heute, mit der leichten Übelkeit noch im Magen, ganz besonders.

«Hey, Jasmin, hast Lust auf ne Kippe?» Ich zog die Schachtel aus meiner Tasche und klappte sie auf. Jasmin sah schockiert auf die Zigarette und dann in mein Gesicht, sie vergaß sogar, mit ihren blauen Lidern zu klimpern, und verschwand ohne ein weiteres Wort.

Zwei Tage später klingelte ich nachmittags bei Julian. Seine Mutter machte auf, sagte knapp hallo und führte mich ins

Wohnzimmer. Julian hockte auf dem Sofa und sah nur flüchtig auf, als ich hereinkam.

«Würden Sie uns bitte kurz allein lassen, Fräulein Schäfer?», befahl seine Mutter mit einem Ton in der Stimme, den ich nicht von ihr kannte. Die Haushälterin, die mich sonst so freundlich mit Limonade bewirtete, verschwand grußlos. Julians Mutter setzte sich neben ihn, ich blieb mitten im Wohnzimmer stehen.

«Julian hat mir alles erzählt», begann seine Mutter mit ernster Stimme und steckte sich eine Lord an.

Und während ich mich fragte, was das heißen sollte, ging es schon weiter: «Ich bin reichlich schockiert, muss ich sagen. Das hätte ich nicht von dir gedacht. Nicht nur dass du Julian zum Rauchen verführst und dafür meine Zigaretten klaust. Du probierst es auch noch bei meiner Jasmin!»

Verständnislos schüttelte sie den Kopf. Ihr dauergewelltes, von blondierten Strähnen durchsetztes Haar schwang hin und her.

«Ich glaube, dir ist nicht ganz klar, wie ungesund das in eurem Alter ist!» Sie nahm einen tiefen Zug.

Ich sah irritiert zu Julian, der auf dem großen weißen Ledersofa mit einem Kästchen mit silbernen Knöpfen herumspielte, mit dem sich der riesige Fernseher auch aus der Ferne, ganz ohne aufzustehen, bedienen ließ. Er sah mich nicht an.

«Auf jeden Fall habe ich entschieden», sie blickte prüfend auf ihre leuchtend rot lackierten Fingernägel, zwischen denen die Zigarette glühte, «dass du kein guter Umgang für Julian bist. Ich möchte nicht, dass ihr euch weiterhin trefft. Ich denke, das wirst du verstehen.»

Julian starrte auf das Kästchen. Damit erübrigte es sich

für mich, hier irgendetwas richtigzustellen. Wofür denn? Für einen Freund, der das nicht mehr war? Ich nickte stumm, sagte «Auf Wiedersehen» und ging. Brutus wedelte freundlich mit dem Schwanz, als ich die schwere Haustür hinter mir zuzog.

Innen vor dem elektrischen Gartentor stand Jasmin. Sie hatte auf mich gewartet. Sie sah mich kurz an und dann wieder auf den Boden, wo ihr rechter Fuß in den Sand einen Kreis gemalt hatte, der aussah wie ein schiefes Ei. Dann drückte sie mir etwas Weiches in die Hand und lief zum Haus.

Eine Straßenecke weiter besah ich mein Geschenk: Es war ein kleines Herz aus Stoff, ganz weich, zartrosa, mit Watte gefüllt, vermutlich selbst genäht.

Als ich wenig später den Eisbach überquerte, warf ich es hinab: Ein paar Meter weit wurde es an der Oberfläche mitgerissen und tanzte wild herum, bevor es sich schließlich vollsog wie ein Schwamm, sank und weiter unten an einem Zweig hängen blieb. Ein heller Fleck im kalten Dunkelgrün.

//

Am Tag nach der Specht-Beerdigung holte ich Holger von zu Hause ab. Wir liefen zu unserem Platz am Eisbach. Aus irgendeinem Grund hatte ich erwartet, Anja dort zu treffen. Aber sie war nicht da.

«Schade, oder?», sagte Holger.

«Ja.»

«Holger hat ihn so liebgehabt.» Er sah den Stamm hinauf, und ich merkte erst jetzt, dass er von dem Specht sprach, nicht von Anja.

«Und Anja auch», fügte er hinzu, als könnte er plötzlich meine Gedanken lesen.

Wir liefen zurück, Holger wollte um den Schuppen herum Verstecken spielen. Halbherzig tat ich ihm den Gefallen. Aber es gelang mir nicht, meine Rolle wie sonst zu spielen; ich war mit meinen Gedanken woanders, und nach kurzer Zeit verabschiedete ich mich.

Nach dem Mittagessen schlug mein Vater vor, dass wir alle zusammen in die Floriansmühle gingen. Es war Sonntag, und mein Vater schien ungewöhnlich gut gelaunt. Früher hatte ich mir eine Zeitlang gewünscht, mein Vater würde mehr mit uns unternehmen. Aber inzwischen hatte ich mich daran gewöhnt, dass dem nicht so war, und plötzliche Anwandlungen meines Vaters wie diese schränkten auf einmal meine Freiheit ein. Es war jedoch sinnlos, einmal beschlossenen Vorhaben meines Vaters etwas entgegensetzen zu wollen, und so fanden wir uns wenig später auf der großen Liegewiese wieder.

Ich legte mein Badetuch etwas abseits ins Gras. Auch aus Sorge, einen meiner Klassenkameraden zu treffen. Es wäre peinlich gewesen, gemeinsam mit den Eltern im Schwimmbad gesehen zu werden. Meine Mutter lag in der Sonne und las Zeitung. Mein Bruder zog mit dem Fußball ab, und ich folgte meinem Vater zum Eisbach. Während ich lieber im großen Becken schwamm, stieg mein Vater oben über eine der gelben Leitern in den Bach, bespritzte davor aber seinen Oberkörper kurz mit kaltem Wasser, weil er der Warnung meiner Mutter Glauben schenkte, er könne sonst einen

Herzinfarkt bekommen. Dann bemühte er sich, gegen die Strömung anzuschwimmen, wobei er sich im besten Fall nicht von der Stelle bewegte.

Ich sah ihm eine Zeitlang zu, irgendwann schlenderte ich gelangweilt zum Becken. Den Wasserfall, über den das kalte Wasser des Eisbachs ins Becken strömte, hörte man schon von weitem. Ein dunkles, monotones Tosen, das ich immer als beruhigend empfand.

Die Badegäste tummelten sich in der sonntäglichen Hitze im Becken. Vorne im Nichtschwimmerbereich plantschten Kleinkinder mit ihren Eltern, hinter dem gelben Gestänge, das den flachen Bereich vom tiefen Becken trennte, zogen Rentner ihre Bahnen. Am Wasserfall war wie immer Gewusel: Jugendliche drängten sich lauthals, in die weiße Gischt zu springen. Ich erkannte ein paar Jungs zwei Klassen über mir. Und plötzlich, zwischen all den halbnackten Leibern, sah ich sie: Ihr schlanker Körper, von der Sonne gebräunt. Die grazile Haltung und, als ich näher kam, der konzentrierte Blick. Ganz bei sich und gleichzeitig etwas entrückt, als sei sie im selben Moment noch irgendwo anders.

Anja setzte elegant zu einem Hechtsprung an, und als sie die Arme vorstreckte, trafen sich kurz unsere Blicke. Hatte sie mir zugezwinkert? Ich schob mich durch das Gedränge am Beckenrand, sprang ins Wasser, tauchte schnell wieder auf und sah mich suchend um. Ich schwamm ein paar Runden und hielt die ganze Zeit nach ihr Ausschau. Sie war verschwunden.

Abends kam der dicke Franz, wie immer. Während manche sein Auftreten bedauerten, erfüllte es andere mit Vorfreude, denn nun folgte das große Finale eines jeden Schwimmbadtages. Der dicke Franz trug schwarze Gummistiefel und eine enge, kurze rote Hose, über der sich sein riesiger, nackter Bierbauch wölbte. Das rechte Bein zog er etwas nach, eine Kriegsverletzung, hieß es, denn der dicke Franz war schon alt, er hatte tief im Osten den Russen bekämpft, hatte Stalingrad überlebt und auch die Kriegsgefangenschaft, aber den schwersten Kampf führte er jetzt: den Kampf gegen das Alter, wie er mir einmal erklärte. Seine schmale Pension besserte er auf, indem er im Sommer als Handlanger in der Floriansmühle aushalf. Vor sich her schob er schnaufend eine alte, verbeulte Schubkarre, in der sein Arbeitsgerät lag: ein Schrubber, eine Schaufel und eine lange eiserne Stange, an deren Ende ein Ring angeschweißt war.

Wenn der dicke Franz mit seiner Schubkarre den Weg neben dem Eisbach heruntergerollt kam, begannen die Badegäste, ihre Sachen zusammenzupacken. Nur die Jugendlichen, die seinen Auftritt schon sehnlichst erwarteten, machten sich alle auf zum großen Becken.

Der dicke Franz stellte seine Schubkarre über dem Wasserfall ab. Er nahm die große Eisenstange, schulterte sie und schritt ächzend den Beckenrand ab. Der Schweiß rann ihm über das Gesicht und tropfte auf seinen dicken Bauch. Geübt trat er mit den schwarzen Gummistiefeln auf die Überlaufmauer, und die Stange auf seiner Schulter balancierend, schob der dicke Franz sich Schritt für Schritt wie ein Seiltänzer auf der Mauer bis zur kleinen Schleuse vor, die an der Seite des Beckens war. Dort angekommen, hob er die Stange, packte sie am Ring und wuchtete sie mit Schwung in die Tiefe, um mit ein paar gekonnten Drehungen das Schleusentor zu öffnen. Jeden Abend wurde das Becken geleert und geschrubbt und am nächsten Morgen neu befüllt, es war ja nur natürliches Bachwasser darin, kein Chlor.

Das war der Moment, auf den alle gewartet hatten. Denn damit hatte der dicke Franz den Stöpsel aus der riesigen Badewanne gezogen: Das Wasser schoss aus dem großen Becken in den dahinterliegenden Betonkanal, der einen guten Meter breit und genauso tief war. Das war die eigentliche Sensation. Denn um diesen Kanal herum hatten sich die Jugendlichen versammelt und drängelten sich, möglichst als Erste hineinzuspringen und sich vom immensen Wasserdruck bis zurück in den Eisbach schießen zu lassen, wie in einer Bobrennbahn. Traubenweise ließen sie sich in den Kanal plumpsen, wurden unter Geschrei mitgerissen und ziemlich durcheinandergewirbelt. Nach einigen Metern knickte die Strecke, und man musste zusehen, rechtzeitig den Hintern anzuheben, sonst konnte es schmerzhaft werden, die einzelnen Betonteile hatten harte Kanten, unter dem Wasser versteckt.

«Obacht geben! Obacht geben!», rief der dicke Franz der Meute hinterher und wischte sich den Schweiß aus der Stirn. Kurz vor der Mündung in den Eisbach gab es eine Unterführung, die letzten Meter floss das Wasser unterirdisch. Das war die größte Mutprobe. Hier standen ein paar kräftige Achtzehnjährige bereit und zogen alle, die sich nicht trauten, das letzte Stück durch den engen Schacht zu tauchen, auf Zuruf aus dem Wasser heraus. Es war ein eingespieltes System, das sich über die Jahre entwickelt hatte: Es war eine Ehre, irgendwann alt und erst recht kräftig genug zu sein, um hier den inoffiziellen Bademeister zu spielen. Und es war eine Möglichkeit, auf unverfängliche und gar heldenhafte Art und Weise dem einen oder anderen Mädchen sehr nahe zu kommen, denn meistens waren es Mädchen, die eben auch gerettet werden wollten.

Ich stand unter den mächtigen Buchen und beobachtete die Szenerie. An diesem Sonntag hatte sich mein Bruder erstmals einen der Helferjobs ergattert. Wassertropfen glitzerten auf seinem Oberkörper im Licht der Abendsonne, während er mit seinen kräftigen Händen die eine oder andere Hilfesuchende aus der Strömung zog. Neben ihm zwei ältere Jungs, die ich nicht kannte. Mein Bruder sah auf einmal so erwachsen aus, wie er mit seiner athletischen Figur und recht breitbeinig dort stand. Behände packte er zu, lachte dabei, und man hatte den Eindruck, als hätte er sein Leben lang nichts anderes getan.

Ich fragte mich, ob ich wohl jemals dort stehen würde, um kreischende Mädchen aus der Strömung zu retten. Ich traute mich ja noch nicht einmal, in den Kanal zu springen.

Später, als ich im Bett lag, verschwamm Anjas Bild in meiner Erinnerung. Ich glaubte, mir alles nur eingebildet zu haben, den Blick zwischen uns, ihr vertrauliches Zwinkern. Wahrscheinlich hatte sie mich noch nicht einmal gesehen.

//

Den frisch abgeknickten Zweig bemerkte ich sofort. Und als wir ins Lager krochen: zwei alte, löchrige Plastiktüten und ein fleckiger Stoffbeutel. Prall gefüllt mit irgendwelchen

Dingen lehnten sie am Stamm des Ahorns. Über einem Ast hing ein kleines graues Handtuch, dessen Saum sich in dünnen Fäden verlor. Wie Fäden eines Spinnennetzes. Ich starrte auf die Sachen, ein bleiernes Gefühl erfasste mich, und plötzlich lief es mir kalt den Rücken runter.

Holger schien das Ganze anders einzuschätzen: «Konni», rief er aufgebracht, «jemand will unser Lager klauen!» Sein Kopf lief vor plötzlich aufflammender Wut rot an. Er griff nach einer der Plastiktüten, und noch bevor ich ihn zurückhalten konnte, zerrte er etliche Kleidungsstücke daraus hervor. Mädchensachen – ein paar T-Shirts, Unterhosen und zwei BHs – fielen auf die Erde. Mir wurde schlecht. In «Aktenzeichen XY» gab es manchmal unheimliche Geschichten von Vergewaltigern und Kindermördern. Auf einmal erschien mir unser Lager als der geradezu idealtypische Rückzugsort für so ein Scheusal. Ich starrte auf die Unterwäsche zu unseren Füßen, und alles fügte sich zu einem großen, grauenvollen Puzzle zusammen. Mein Herz begann zu rasen, und ich spürte das Blut in meinen Schläfen pochen.

Holger schimpfte immer noch laut: «Konni, vielleicht hat der den Specht getötet!»

Ich machte einen Satz zu Holger und hielt ihm den Mund zu. Mit aufgerissenen Augen starrte er mich durch seine dicken Brillengläser an.

«Vielleicht nicht nur den Specht!», stieß ich gepresst hervor. «Los, abhauen!»

Damit ließ ich ihn los und kroch zum Ausgang hinaus. Hektisch sah ich mich um, Holger war hinter mir, richtete sich draußen schnaufend auf und rückte seine Brille zurecht.

Ein Knacken. Ich blickte Richtung Böschung. Es knackte noch einmal. Ganz deutlich sah ich jetzt, dass sich dort etwas bewegte. Es war kein Kaninchen, auch kein Fuchs, es war etwas Großes, was sich dort zwischen den Ästen bewegte. Und es kam auf uns zu.

Einen Augenblick lang war ich wie erstarrt. Dann rannte ich los, schrie «Lauf!» und stolperte mit großen Schritten den Damm runter, sprang durch Gebüsch, Äste schlugen mir ins Gesicht. Ich strauchelte, kam wieder hoch, rannte weiter, und erst als ich die Wiese erreicht hatte, warf ich einen Blick über die Schulter: niemand zu sehen. Weiter, immer weiter rannte ich, bis zum alten Schuppen, wo ich es wagte, ein wenig zu verschnaufen. Vorsichtig lugte ich hinter der hölzernen Bretterwand hervor Richtung Damm. Nichts und niemand. Kein Mörder. Aber auch kein Holger. Jetzt überkam mich mein schlechtes Gewissen.

Holger war kein guter Läufer. Vor meinem geistigen Auge sah ich bereits seinen nackten Leichnam im Gebüsch liegen, die Brillengläser zerbrochen. Und seine Cordhose samt dem weißen Polohemd sauber zusammengelegt – als Trophäen in einer der löchrigen Plastiktüten.

Ich weiß nicht mehr, wie lange ich dort saß und wartete. Ich wartete auf Holger, der nicht kam, wartete auf ein Zeichen, auf irgendwas. Irgendwann hielt ich es nicht mehr aus. Ich beschloss, bis zur Straße zu laufen. Der Anblick unseres unscheinbaren kleinen Mehrfamilienhauses, das inmitten von frischgemähtem Rasen in der Sonne lag wie immer, beruhigte mich ein bisschen. Aber ich konnte jetzt nicht einfach heimgehen. Nachdem mir nach einer Weile nichts Besseres einfiel, lief ich langsam zurück, stieg den Damm wieder hoch und ging ganz vorsichtig am Eisbach stromaufwärts, zurück Richtung Lager. In meiner zur Faust geballten Rechten hielt ich meinen Haustürschlüssel. Die Spitze guckte zwischen meinen Knöcheln hervor, die von meinem verkrampften Griff ganz weiß waren. Das hatte ich mir aus einer Prügelszene in «Ein Colt für alle Fälle» abgeguckt. Allerdings schien mir diese Waffe, anders als bei Colt Seavers, auf einmal reichlich lächerlich. Als ich in der Ferne den Ahorn sah, wurden meine Knie noch weicher, als sie ohnehin schon waren, und meine Beine fühlten sich an wie Pudding.

Alles sah aus wie immer. Das flaschengrüne Wasser des Eisbachs, auf dessen leicht gekräuselter Oberfläche sich verzerrte Bilder der Uferbäume und das strahlende Blau des Himmels spiegelten. Um die Dolden des Wasserdosts schwärmten Bienen und ein paar Schmetterlinge, irgendwo in einem der Bäume sang ein Rotkehlchen.

Von Holger war noch immer nichts zu sehen. Ich schlich weiter vor, sah dabei immer wieder auf den Boden, um auf keine verräterisch knackenden Äste zu treten.

Als ich mich dem Brombeergebüsch näherte, hörte ich Laute, ganz deutlich: ein etwas gurrendes Gekicher. Es gab nur einen Menschen auf der Welt, der so lachte, und das war Holger. Das Lachen kam vom Lager her. Erst wollte ich erleichtert losrennen, aber dann fiel mir wieder ein, dass Eduard Zimmermann einmal vor einem bestimmten Kinderschänder gewarnt hatte: Der Mann trete äußerst freundlich auf, wirke geradezu harmlos. Vermutlich rissen solche Typen auch Witze? Und Holger zum Lachen zu bringen, würde dem Kerl bestimmt nicht schwerfallen. Meine Hand umklammerte den Haustürschlüssel, und wieder war da Holgers gurrendes Gekicher. Dann aber, ganz deutlich, hörte ich eine Mädchenstimme. Plötzlich wusste ich, wer da mit Holger im Brombeergebüsch saß. Und mit einem Mal fiel alle Spannung von mir ab.

«Alles okay?», fragte mich Anja, als ich ins Lager gekrochen kam.

«Alles okay, Konni?», echote Holger doof und grinste breit.

«Ja … ja, ja», stammelte ich verlegen.

Sie sah mich fragend an, Holger grinste weiter.

«Ich … also wir», versuchte ich zu erklären, «wir haben uns nur gewundert. Wir wussten ja nicht, dass … also, dass du das bist.»

«Und deshalb bist du zur Sicherheit lieber mal abgehauen und hast deinen Freund einfach hier sitzenlassen?», fragte sie kühl.

«Ja, äh, nein, Holger wollte mir ja nachkommen. Deshalb hab ich auf ihn gewartet. Hinten, am Schuppen.»

Ich sah Holger an, der sich immer noch freute, dann aber nickte er dankenswerterweise und erklärte: «Da treffen wir uns immer, Anja. Da kann man Verstecken spielen. Willst du – »

«Aber du bist nicht gekommen, deshalb hab ich gesucht», unterbrach ich ihn, ich wollte nicht wie ein Kleinkind dastehen, wenn er hier vom Verstecken erzählte.

«Aber jetzt hab ich dich ja gefunden.»

Anja sah mich an. Ihre tiefen hellbraunen Augen machten mich verlegen. Sie sagte nichts.

«Der Konni ist mein Freund.» Holger krabbelte zu mir und berührte mit seinen Fingerspitzen ganz sachte meinen Kopf. Solche Freundschaftsbekundungen waren mir vor anderen meistens peinlich. Aber hier und jetzt und vor Anja war es auf einmal in Ordnung.

«Wollen wir Spechte suchen?», fragte Holger.

Wir liefen den Damm hoch bis zum Golfplatz und auf der anderen Seite wieder zurück. Irgendwann spielten wir sogar doch noch Verstecken, weil Holger darum bettelte. Als ich mit dem Suchen dran war, hatte ich Holger wie immer schnell gefunden. Aber von Anja keine Spur. Ich suchte den Damm ab, kroch durchs Dickicht, bis ich ganz zerkratzt war, dann rannte ich mit Holger hinunter zur Wiese. Gemeinsam liefen wir um den Schuppen herum und schließlich weiter bis zu Holgers Garten. Immer wieder riefen wir abwechselnd ihren Namen, bekamen aber keine Antwort. Als wir schließlich Richtung Lager zurückkehrten, hatte ich Sorge, Anja sei einfach wieder verschwunden.

Holger wandte sich dem Eisbach zu, las ein paar flache Kiesel vom Boden auf und versuchte, sie übers Wasser flitschen zu lassen, was ihm nicht sonderlich gut gelang. Nachdem ich ein weiteres Mal sinnlos ins Lager gekrabbelt war, um nach irgendeiner Spur zu suchen, stellte ich mich schließlich ratlos neben ihn. Holgers Kiesel versanken einer nach dem anderen ansatzlos direkt vor uns im grünen Wasser. Plötzlich durchbrach in der Mitte des Baches etwas anderes die spiegelnde Wasseroberfläche. Und während ich noch verwundert den sich ausbreitenden Kreisen hinterherstarrte, traf es mich am Kopf: Verwirrt sah ich gerade noch die grüne Eichel, die von meinem Schädel abgeprallt war, in den Eisbach springen.

Und dann hörte ich Anjas Lachen. Sie saß hoch oben in der Krone der mächtigen Eiche und lachte. Als sie zu uns heruntergeklettert kam, lachte sie noch immer. Sie lachte nicht nur, sie konnte gar nicht mehr aufhören. Ihre lange Strähne fiel ihr ins Gesicht, und ich sah wieder die Lücke zwischen ihren Schneidezähnen.

Später, als wir zu dritt im Lager saßen, fiel mein Blick auf den Stoffbeutel und die alten Tüten mit der Kleidung.

«Das sind deine Sachen?»

Sie nickte zögerlich.

«Okay», antwortete ich nach einer Weile etwas ratlos. Ich hätte sie gern hundert Dinge mehr gefragt, aber ihr Schweigen ließ mich verstummen.

Holger aber fragte ganz unverhohlen: «Warum hast du deine Sachen in unser Lager gelegt, Anja?»

Sie blickte zu Boden.

«Ich dachte, ich kann hier bleiben», erwiderte sie schließlich.

Wir guckten sie erstaunt an.

«Ich», sagte sie leise, «ich bin weggerannt.»

Ich sah sie an. Ich sah jetzt ihre eigenartig altmodische Kleidung. Eine abgetragene weinrote Hose, darüber ein verwaschenes T-Shirt mit einem unleserlichen Aufdruck, das irgendwann einmal weiß gewesen sein musste. Plötzlich ahnte ich, was ihr Geheimnis war.

«Werden dich deine Eltern nicht vermissen?», fragte ich.

Sie starrte vor sich hin, zuckte mit den Schultern.

«Bist du … wohnst du im Espenhain?»

Sie blickte auf und nickte stumm.

Holger guckte verständnislos.

«Okay», sagte ich kurz entschlossen. «Du kannst bei uns wohnen. Wir …»

«Konni!», unterbrach mich Holger. «Unser Lager …»

«Das passt schon», erwiderte ich, «Anja gehört zu uns.»

Holger sah erst zu Anja, dann hoch zu dem kleinen Loch oben im Ahorn, und schließlich nickte er heftig.

//

In diesem Sommer hatte ich ein Geheimnis. Ein echtes, ein großes Geheimnis. Und niemand durfte davon erfahren. Wir hatten das Lager verlassen und waren auf dem Nachhauseweg.

«Holger?»

«Mmh?»

Holger war damit beschäftigt, Dreck unter seinen Fingernägeln hervorzupulen, den er anschließend in den Mund steckte.

«Anja ist unser Geheimnis. Du darfst niemandem von Anja erzählen, hörst du?»

«Warum nicht?»

Er hielt inne und sah mich fragend an.

«Weil – weil es dann kein Geheimnis mehr ist.»

Er nickte zaghaft.

«Auch nicht meiner Mama?»

«Nein. Auch nicht deiner Mama.»

Ich trat einen Schritt nach vorn, blieb direkt vor ihm stehen und fasste ihn an den Schultern.

«Anja ist aus dem Heim geflohen. Wenn wir jemandem von ihr erzählen, dann kommen böse Männer und bringen sie ins Heim zurück.»

«Wieso will sie denn nicht heim?»

«Nein. Ich rede von einem Kinderheim. Wo Kinder hinkommen, die keine Eltern mehr haben. Da gibt's Erzieher, und die sind sehr streng und böse. Das ist das Espenhain. Es ist kein schöner Ort. Die Erwachsenen dürfen von Anja nichts wissen, sonst schicken sie sie dorthin zurück. Und das wollen wir nicht. Verstanden?»

Etwas genervt rüttelte ich ihn.

«Ja. Verstanden.»

Holger wand sich aus meinem Griff.

«Du sagst niemandem etwas von Anja?», fragte ich noch mal.

Er nickte.

«Schwörst du?»

Schwören war für mich längst Kinderkram. Aber Holger liebte es, auf Abmachungen einen Schwur zu leisten. Seine Augen hinter den Lupengläsern blitzten auf.

«Ja!»

Schon steckte er begeistert seinen Daumen in den Mund, leckte anschließend Zeige- und Mittelfinger ab und hob theatralisch die Hand zum Schwur: «Holger schwört, nichts zu sagen!»

Mit Indianerstolz fasste er sich an die Brust, und wir sahen uns tief in die Augen. Ein bisschen beruhigt verabschiedete ich mich von ihm.

//

«Wer zu früh zu weit gekommen ist, den bestraft das Leben», murmelte mein Vater und nahm einen Schluck aus seiner Bierflasche.

«Hallo», sagte ich und öffnete die Kühlschranktür, um mir ein Glas Milch einzuschenken.

Mein Vater antwortete nicht. Immer, wenn es bei ihm in der Arbeit irgendwelche frustrierenden Vorfälle gegeben hatte, saß er abends in der dunklen Küche, eine Flasche Bier in der Hand, und sinnierte über sein Leben. So wie jetzt.

Als junger Mann war mein Vater beruflich einmal sehr erfolgreich gewesen. Wenn er von diesen alten Zeiten erzählte, begannen seine Augen zu leuchten. Dann hatte er einen neuen Chef bekommen, und ich wusste nicht genau, was daraufhin geschehen war. So wie ich auch nicht wusste, was mein Vater eigentlich genau machte. Er arbeitete in der Verwaltung eines großen deutschen Versicherungskonzerns, und jedes Mal, wenn er mir seinen Aufgabenbereich erklärte, wurde ich beim Zuhören schnell so gelähmt, dass ich irgendwann auf Durchzug schaltete. Auf jeden Fall war mein Vater, bald nachdem er eine Familie gegründet hatte und mein Bruder und ich geboren waren, viel weniger erfolgreich. Eine Tatsache, über die er oft nachdachte und die ihn grämte.

Im Wohnzimmer lief der Fernseher. Ich kippte die kalte Milch in einem Zug hinunter.

«Wenn man zu hoch einsteigt, kann man die Lebensleiter nur noch runterkrabbeln», flüsterte mein Vater ins Dunkel.

Ich verstand nicht recht, was er damit meinte. Aber offensichtlich redete er auch gar nicht mit mir, sondern mit sich selbst, gefangen in seinem Selbstmitleid. Es machte keinen Sinn, ihn danach zu fragen. Meine Mutter schien das ähnlich zu sehen. Zumindest verzog sie sich in diesen Momenten lieber Richtung Wohnzimmer, schaltete den Fernseher ein und warf einen Blick in die heile Welt irgendeiner deutschen Fernsehserie.

Später, als ich im Bett lag, starrte ich lange auf den Vorhang vor unserem Fenster. Es war ein Kinderzimmervorhang mit einem eigenartigen Muster, der unserem Alter nicht mehr entsprach. Ein grasgrüner Stoff war über und über mit demselben Motiv bedruckt, ein Junge und ein Mädchen, die zusammen vor einer Pflanze standen und eine Gießkanne über ihr entleerten. Das heißt, sie hielten gemeinsam die Gießkanne über die Pflanze geneigt, aber Wasser sah man keines.

Wenn ich wie jetzt im Bett lag und nicht einschlafen konnte – mein Bruder schnarchte bereits leise –, sah ich auf die vielen trocken gießenden Pärchen und zählte sie. Ab dem Paar Nummer siebzig kam ich in der Regel durcheinander.

Ich mochte diesen Vorhang, und gleichzeitig gruselte mir vor ihm, denn ich war überzeugt, dass er Zauberkräfte hatte: Starrte ich lange genug auf die vielen Pärchen, würden sie irgendwann wirklich gießen. Wie in einem Film würde es aus der Gießkanne plätschern, aus einer nach der anderen. Die vielen Jungen und Mädchen gossen, das Wasser lief und lief, und ich schlief ein.

//

«Das sind Asis», sagte Julian, und so sahen es auch alle anderen. Wann immer es hieß, jemand sei ein Espenhainer, hatte ich Angst vor ihm. Wer aus dem Espenhain kam, hatte aber mit Pappeln und Wald nichts am Hut: Der Espenhain war ein Kinderheim, und die Kinder, die dort wohnten, waren gefürchtet. Sie galten als rüpelhaft, brutal und kriminell. Ein falsches Wort, und schon hatte man eine in der Fresse – zumindest hieß es das. Meist waren die Espenhainer schon von weitem zu erkennen. Wenn unsereins sich auch keine echte Levi's leisten konnte, so versuchte man zumindest, seine Jingler-Jeans aufzuwerten, indem man das peinliche C & A-Label raustrennte. Bei den Espenhainern hingegen reichte es erst gar nicht zu einer Jeans. Sie hatten alte, abgetragene Cordhosen an, wenn's ganz böse war, sogar noch mit Schlag.

Der Espenhain lag am Hasenbergl, einem Stadtteil, der an meine Schule grenzte.

Hasenbergl klang idyllisch, aber tatsächlich war es ein verarmtes Arbeiterviertel im Norden Münchens. Es bestand aus tristen Hochhäusern aus den Sechzigern. Es gab ein paar schmucklose kleine Spielplätze, die Bänke drum herum waren meist mit Miniaturflaschen übersät. Sie trugen Namen wie Dornkaat, Underberg, Jägermeister oder «der weiche Chantré». Wobei den weichen Chantré meistens die besonders Harten tranken, und deshalb waren diese Flaschen doppelt so groß wie die anderen.

Hin und wieder hörte man von Jugendlichen, die aus dem Espenhain geflohen waren. Einmal hieß es, ein Junge hätte eine Woche lang in den nahen Isarauen überlebt, indem er sich von wilden Beeren ernährte und das Wasser der Isar trank – der Isar, die so dreckig war, dass sogar das

Schwimmen darin verboten war. Mich gruselte bei solchen Geschichten. Die Vorstellung, dass ein Junge ganz allein in den Isarauen übernachtete, rang mir höchsten Respekt ab.

Meine Mutter warnte meinen Bruder und mich regelmäßig davor, uns mit den Heimkindern einzulassen: «Die kommen aus schwierigen Verhältnissen. Sehr traurig, so was. Aber von denen solltet ihr euch lieber fernhalten. Alles kleine Verbrecher!»

Was schwierige Verhältnisse genau sind, wusste ich nur vage. Vielleicht würde ich Anja einmal danach fragen. Auf jeden Fall sah ich keinen Grund dafür, mich von ihr fernzuhalten. Im Gegenteil, es zog mich geradezu zu ihr hin.

Am nächsten Morgen konnte ich es kaum erwarten, nach dem Frühstück nachzusehen, ob Anja noch im Versteck war. Ob sie wirklich alleine da draußen übernachtet hatte.

Meine Mutter musste erst später zur Arbeit. Ich wartete ungeduldig, bis sie endlich fort war – schließlich wollte ich nicht mit leeren Händen bei Anja erscheinen. Ich bestrich eine Semmel mit Nutella, eine weitere belegte ich mit Salami, packte noch eine Flasche Orangensaft ein, dann lief ich über die Straße und klingelte bei Holger.

«Heut geht's ihr früh schwimmen?», begrüßte mich die Indianerin mit Blick auf meine Tasche, als sie die Tür öffnete.

Ich guckte verdattert.

«Jaja, hat mir der Holger schon gesagt», nahm sie mir sogleich die Antwort ab, und ich war froh, dass Holger vorgesorgt hatte. Sorgsam gekämmt erschien er neben ihr im Türrahmen, in einem frischen weißen Polohemd und mit einem Jutebeutel in der Hand. Wir verabschiedeten uns, spazierten kurz Richtung Schwimmbad, weil Holger Sorge hatte, seine Mutter könnte uns aus dem Wohnzimmerfenster hinterhersehen, um dann gleich hinter den Zeitungskästen umzudrehen und oben am Damm Richtung Lager zu laufen.

Als wir vor dem dunklen Loch im Brombeergebüsch standen, war niemand zu sehen oder zu hören.

«Anja?», rief ich zögernd.

Keine Antwort.

Ich kroch durch das Dickicht, Holger mir hinterher.

Das Lager war leer. Nur der Stoffbeutel, die beiden Tüten mit Kleidung und eine kleine, ausgebrannte Feuerstelle zeugten von Anjas Besuch. Die Asche war noch warm.

Ich packte die Semmeln aus und legte sie auf einen der Holzblöcke. Holger holte aus seinem Beutel das große Einmachglas mit den Bienenköpfen hervor und stellte es daneben.

«Ich weiß nicht», sagte ich, «meinst du, das gefällt ihr?»

Holgers Augen hinter den dicken Brillengläsern zuckten kurz.

«Vielleicht hat sie eher Hunger?», versuchte ich es, woraufhin Holger ein Duplo aus seiner Tasche kramte und die Bienenköpfe wieder verschwinden ließ.

Schließlich beschlossen wir, etwas Feuerholz zu suchen, krabbelten aus dem Lager und sammelten eine ganze Weile trockene Äste, die wir an einer Birke am Eisbachufer aufstapelten.

«Guten Morgen!»

Auf einmal stand Anja hinter uns. Wir hatten sie überhaupt nicht bemerkt. In der Hand hielt sie eine «DS – Deutscher Supermarkt»-Tüte.

«Hallo», sagte ich etwas verlegen. Holger nickte.

«Wir haben dir … was zu essen mitgebracht», stammelte ich und deutete Richtung Lager. Ich spürte, wie mein Kopf rot anlief.

Ihr kleines Lächeln entblößte die Zahnlücke. Wie eine Piratenbraut, dachte ich.

Wortlos drehte sie sich um und kroch voran.

Wir nahmen auf den großen Holzblöcken Platz, Holger starrte Anja unverhohlen an. Sie nahm die Salamisemmel und riss davon kleine Stücke ab, die sie sich in den Mund schob, und während sie aß, gab sie uns abwechselnd etwas ab. Ich merkte, wie hungrig ich schon wieder war, und ärgerte mich, dass ich nicht mehr Essen mitgebracht hatte. Während ich versuchte, mich zurückzuhalten, sperrte Holger einfach den Mund auf. Er machte sogar die Augen zu, während Anja ihm Stücke von der Nutella-Semmel in den Mund schob. Es hatte fast etwas Anzügliches, wie Holger mit geschlossenen Augen genießerisch vor sich hin schmatzte. Aber Holger war eben Holger. Und Anja schien das überhaupt nicht zu stören.

Schließlich hielt sie mir das letzte Stück Semmel hin. Am liebsten hätte ich es Holger gleichgetan, einfach die Augen geschlossen und den Mund geöffnet, aber das traute ich mich nicht. Und ich wollte ihr nichts wegessen. Also sagte ich «Nein danke» und schüttelte den Kopf. Sie sah mich mit ihren braunen Augen an, und einen Moment lang fühlte ich mich ertappt.

«Sind deine Eltern tot, Anja?», fragte Holger plötzlich, als er den letzten Bissen hinuntergeschluckt hatte.

Sie sah kurz zu ihm, dann ging ihr Blick in die Ferne, fast so, als könne sie durch das undurchdringliche Dickicht hindurchsehen. Sie nickte stumm.

«Warum?», fragte er neugierig weiter. Holger kümmerte sich nicht darum, ob eine Frage üblich war, angemessen oder eventuell indiskret. Wenn er etwas wissen wollte, fragte er nach. Das mochte ich an ihm. Gleichzeitig war es mir jetzt unangenehm.

«Warum denn, Anja?» Hartnäckig starrte er sie an.

«Wenn ich das wüsste», entgegnete Anja leise.

Sie zog einen kleinen grünen Stoffbeutel aus ihrer Hosentasche.

«Ist erst deine Mama gestorben oder dein Papa?», fragte er unbeirrt weiter.

Ich war hin- und hergerissen. Einerseits wollte ich Holger zurückhalten, denn ich sah Anja an, dass ihr seine Fragen unangenehm waren, andererseits war ich selbst neugierig. Und Anja machte nicht den Eindruck, als ob sie sich nicht wehren könnte.

«Einer von euch ne Kippe?»

Sie hielt ein Zigarettenblättchen in ihrer linken Hand, streute etwas Tabak darauf und begann, sich eine zu drehen.

Holger hatte seine Frage jetzt offenbar vergessen. Beeindruckt beobachtete er, wie Anja in einer einzigen fließenden Bewegung die Zigarette zwischen den Fingern ihrer linken Hand rollte, bevor sie sie wie eine Mundharmonika durch die Lippen zog, mit der Zunge befeuchtete und das kleine Kunstwerk mit einem behutsamen Dreh ihres linken Daumens vollendete. Sie hielt uns die Zigarette hin, damenhaft dünn und perfekt gleichmäßig. Julians Zigaretten sahen ganz anders aus, dachte ich. Trotzdem lehnten wir beide dankend ab, und so zündete Anja sie sich selber an. Während sie zog, fiel mein Blick zum ersten Mal auf ihren Unterarm. Er war von zahlreichen Narben übersät, helle Striche auf ihrer gebräunten Haut, unterschiedlich breit und lang, scheinbar wahllos neben- und übereinander.

Ihr Blick folgte dem aufsteigenden Rauch.

«Was hast du da, Anja?», durchbrach Holger das Schweigen und zeigte auf die Narben an ihrem Unterarm.

«Das», antwortete sie, ohne ihn anzusehen, «das ist mein Donnerarm.» Sie zog an ihrer Zigarette. «Muss manchmal sein.»

Gern hätte ich nachgefragt, was für ein Gewitter sich da in ihrem Arm verewigte, was genau sie damit meinte, aber ich traute mich nicht. Holger guckte versonnen vor sich hin. Er schien mit der Antwort zufrieden zu sein.

//

Es war ein bisschen wie Pilze sammeln. Den Blick konzentriert auf den Boden gerichtet, liefen wir die Straße zwischen dem DS-Supermarkt und der Hypobank an der Ecke ab. Wir waren auf der Jagd nach Tabakresten. Wir suchten halb aufgerauchte Zigaretten, die Leute hastig ausgetreten hatten, zum Beispiel bevor sie einen Laden betraten. Wenn wir eine fanden, riss Anja den Filter ab, schlitzte das Zigarettenpapier mit ihrem Daumennagel auf und ließ den Tabak in den grünen Beutel rieseln.

«Dafür muss man kein Geld ausgeben», erklärte sie, «die Leute haben alle zu viel. Ist nichts dabei, sich daraus eine zu drehen. Das Zeug hat ja niemand im Mund gehabt. Und deine Lunge interessiert das sowieso nicht, ob der Tabak von der Straße oder aus dem Automaten kommt.»

Ich musste an meine Großmutter denken. Letzten Sommer hatte sie mir erzählt, wie sie im Krieg Zigarettenkippen sammeln musste.

Als ich eine plattgefahrene Schachtel aus dem Rinnstein zog, in der sich noch drei unangerührte Zigaretten befanden, mit der ich mich begeistert zu Anja und Holger umdrehte, blieb eine alte Frau neben mir stehen: «So jung und schon rauchen? Habt ihr nichts Besseres zu tun?»

«Er ist schon siebzehn», verteidigte ich mich und zeigte auf Holger. Holger lachte die Frau freundlich an und hielt demonstrativ alle zehn Finger in die Luft und dann noch mal sieben. Die Alte schüttelte den Kopf und zog weiter. Dabei war das noch nicht einmal gelogen.

Später, als Anjas Tabaksbeutel gefüllt war, saßen wir wieder auf den Holzblöcken in unserem Lager.

«Habt ihr auch so n Hunger?», fragte Anja.

Holger und ich nickten synchron.

«Mal gucken, was ich noch dahab.» Sie kramte in ihren Tüten genau wie meine Mutter in ihrem Einbauküchenschrank. Schließlich zog sie eine große Dose Ravioli hervor.

«Wie willst du die warm machen, Anja?», fragte Holger und schluckte bereits gierig.

«Gar nicht», antwortete sie grinsend, «warmes Essen bekommt ihr bei Mutti. Bei mir gibt's kalte Ravioli à la Eisbach.»

Sie öffnete die Dose mit ihrem Taschenmesser, und schon hielt sie Holger einen Löffel voll vor den Mund. Dann fütterte sie abwechselnd ihn und mich, und hin und wieder schob sie sich selbst einen Bissen in den Mund. Wir aßen alle drei vom selben Löffel, und es schmeckte wie das beste Essen meines Lebens.

//

«Petzt dein Behindi auch nicht?», fragte Julian misstrauisch.

Holger schüttelte energisch den Kopf. Ich stand mit ihm vor dem DS, wo wir Julian gerade zufällig getroffen hatten. Und auch wenn ich wusste, dass auf Julian kein Verlass mehr war, machte mich das Funkeln in seinen Augen, das immer dann aufflackerte, wenn er etwas im Schilde führte, neugierig.

«Okay, dann kommt mal mit.»

Julian redete wichtigtuerisch leise und sah sich dabei um wie ein Geheimagent, der nicht mehr lange geheim bleiben wird. Vermutlich hatte er Sorge, dass Fräulein Schäfer oder gar seine Mutter gleich auftauchen würde.

«Ich hab nämlich was, was richtig knallt», raunte er, «kleiner Trick von Erbse.»

Er grinste verschwörerisch.

Seitdem Julian «Wir Kinder vom Bahnhof Zoo» gelesen hatte, redete er nur noch von Drogen. Ständig war er auf der Suche nach dem «krassen Kick», wie er es nannte, aber der war hier in München-Freimann nicht so leicht zu finden wie in Berlin. Wir folgten ihm um die Ecke, wo er uns hinter der Telefonzelle stolz den Inhalt seiner Tüte präsentierte.

«‹Drei-Wetter-Taft?› Haarspray? Was willst n damit?», fragte ich enttäuscht.

«Erbse sagt, man nimmt den hier», er hielt mir einen gelben Tabaksbeutel vor die Nase, auf dem ein Pirat mit Augenklappe und der Name «Buccaneer» aufgedruckt war.

«Krasser Tabak», fuhr er fort, «der is in Whiskey getränkt. Daraus dreht man sich ne Kippe und sprüht die mit dem Zeug hier ein. Wenn man die Scheiße dann raucht – das knallt richtig.»

Fachmännisch kniff er die Augen zusammen und nickte.

«Also, was ist? Seid ihr dabei?»

Holger guckte interessiert einem großen Pudel hinterher, der einer Oma angeleint über die Straße folgte. Holger interessierte sich nicht so für Zigaretten und krasse Kicks.

«Wir wollten eigentlich gerade einkaufen», sagte ich unsicher.

«Mit dir ist auch nichts mehr los, seit du mit dem da unterwegs bist. Was ist? Bist du ne Memme?»

«Nee, bin ich nicht.»

«Hier, ich hab schon welche vorgedreht. Wollte sie gerade einsprühen. Komm. Allein ist es auch doof.»

Wir liefen zur großen Baustelle hinter der Kirche und zwängten uns durch die Lücke hinten am Bauzaun. Ein ganzer Wohnblock wurde hier hochgezogen, und in irgendeinem der Rohbauten war immer gerade nichts los. Es war ein Leichtes, hier ein ungestörtes Plätzchen zu finden.

In einem der rot geziegelten Räume im ersten Stock machten wir halt. Holger schaute zum Fenster raus beziehungsweise durch das Loch, in dem mal ein Fenster sein sollte. Julian zog die vorgedrehten Zigaretten hervor und legte sie auf der zukünftigen Fensterbank ab. Sie sahen gar nicht schlecht aus, gleichmäßig dick und auch nicht krumm, anscheinend hatte er geübt. Dann zog er das Haarspray aus der Tüte und sprühte los. Als er fertig war, roch alles nach Friseursalon. Sogar Holger.

Julian und ich nahmen eine. Die Zigaretten brannten wie Kerzen, als wir sie ans Feuerzeug hielten. Hektisch pusteten wir die Flammen aus und zogen an dem glimmenden Rest. Die Filter klebten erst an den Fingern, dann an den Lippen.

Wir rauchten. Es schmeckte scheußlich.

«Krasse Scheiße, oder?» Julian spuckte in Cowboymanier in die Ecke, bevor er den nächsten tiefen Zug inhalierte.

«Ja, krasse Scheiße», stimmte ich ihm zu.

Wir rauchten.

«Hey, Behindi, willst du auch mal?»

«Nenn ihn nicht so.»

«Oh, bist du jetzt Samariter oder so n Scheiß?» Julian lachte.

Nachdem wir endlich aufgeraucht hatten, fragte er mich nach einer Weile: «Merkst du schon was?»

Ich schüttelte den Kopf. Mir war etwas flau im Magen.

«Du?»

Er zuckte mit den Schultern. «Kommt wohl noch.»

Aber es kam nichts. Eine Viertelstunde später hatte sich lediglich ein schwerer Kopfschmerz in meinem Schädel breitgemacht. Wir verabschiedeten uns, und ich lief mit Holger zurück zum Supermarkt. Wir marschierten durch die Regalreihen, packten zwei große Dosen Ravioli, ein Netz Semmeln und ein Glas Erdbeermarmelade in unseren Einkaufswagen. Als wir uns gerade an der Kasse anstellen wollten, hörte ich die Stimme meiner Mutter hinter mir:

«Konrad! Was macht ihr denn hier? Ich dachte, ihr seid im Schwimmbad?», rief sie, während sie auf uns zukam.

«Waren wir auch», log ich rasch und schob den Einkaufswagen zwischen uns, um sie auf Abstand zu halten. Ich hatte Sorge, sie könnte den Rauch riechen. Oder den Friseursalon.

«Wir sollten nur noch was für Holgers Mama besorgen.»

Holger schenkte meiner Mutter ein breites Lächeln mit seinen großen weißen Zähnen. Sie guckte erst irritiert, dann zog sie beruhigt weiter.

//

Es war heiß wie schon lange nicht mehr. Der Himmel ein einziges strahlendes Blau. Wir standen in der langen Schlange vor der Freibadkasse an. Ich trug mein Schwimmzeug in meiner roten Adidas-Umhängetasche. Anja hatte ihr kleines, verwaschenes Handtuch und den aus der Mode gekommenen Badeanzug in eine Plastiktüte gestopft, die sie offensichtlich schon länger als Badetasche nutzte, denn das «DS»-Logo darauf war so ausgeblichen, dass man es kaum mehr erkennen konnte. Holger stand mit seinem Jutebeutel hinter uns, schwitzte und gab ab und zu einen stöhnenden Laut von sich. Als wir endlich an der Reihe waren, sah Frau Kaltenbach mich über den Brillenrand hinweg mit ihren wässrig grünen Augen prüfend an, blickte auf Anja, kniff die Augen ein wenig zusammen und sah dann wieder zu mir.

«Weil heut der Tag des heiligen Sankt Christophorus ist»,

sagte sie schließlich, ohne eine Miene zu verziehen, und winkte Anja mit durch. Holger musste als Mieter sowieso nicht zahlen – das Haus, in dem er wohnte, gehörte ebenfalls zum Kaltenbach-Imperium.

Am Kiosk vorbei, über die kleine Eisbachbrücke, hielt Anja zielstrebig auf den Weg entlang der Bistrotische zu.

Hatte ich mir letzten Sommer noch gerne Geld mit dem Singen der Neue-Deutsche-Welle-Songs verdient, so war es mir seit kurzem peinlich, wenn mich Rudi oder einer der anderen Rentner, an einer Reblaus nippend, bat, «mal was zum Besten zu geben». Das heißt, genau genommen war es mir nur peinlich, wenn Gleichaltrige dabei waren. Im Grunde machte es mir nach wie vor Spaß, aber ich wollte mir unter keinen Umständen die Blöße geben, etwas vorzusingen. Deshalb versuchte ich, Anja behutsam Richtung Liegewiese zu drängen, um die Rentnertische zu meiden, aber Holger zeterte hinter mir: «Holger will hier lang. Holger will Flaschen!»

Er grinste. Kleine Schweißperlen glänzten auf seiner Stirn. Was sollte ich dem entgegensetzen?

Ich sah Rudis verbrannte Glatze schon von weitem in der Sonne leuchten. Harry saß neben ihm. Sie waren in ihr Schafkopfspiel vertieft.

«Traust du dich, hinten bei der alten Mühle in den Strudel zu springen?», fragte ich Anja beiläufig, während ich mich seitwärts, von den Rentnern abgewandt, an ihr vorbeischob.

Aber Holger machte mir einen Strich durch die Rechnung. Ich hörte, wie er schnaufend hinter mir am Tisch haltmachte.

«Servus! Servus, Rudi!», spuckte er hervor. «Wollt ihr,

dass der Konni singt? Der Konni hat die ganze Top Ten drauf!» Er lachte glucksend.

Innerlich verfluchte ich Holger; ich ging schneller in der Hoffnung, dass Anja nicht mitbekam, was sich hinter ihrem Rücken abspielte. Aber da hörte ich bereits Holgers euphorischen Ruf: «Konni! Konni! Der Konni soll singen!»

Anja hielt inne und sah mich an.

Ich zuckte gequält mit den Schultern und fühlte, wie meine Ohren rot anliefen.

«Konni!» Holger klatschte hinter mir bereits aufgeregt in die Hände.

«Singen! Singen!», jubelte er und strahlte übers ganze Gesicht.

«Geh her da!», rief jetzt auch Rudi kräftig winkend und deutete in die Runde: Abgesehen von Harry saßen da ein paar neue, mir nicht bekannte Rentner, deren Kleingeld Rudi offenbar gewillt war, beim Schafkopfen zu erbeuten. Zögerlich ging ich auf den Tisch zu.

Anja beobachtete uns.

«Das isser», verkündete Rudi mit seiner tiefen Bassstimme nun laut seinen bierbäuchigen Kollegen, die neugierig von ihren Karten aufblickten.

«Der kann alles singen. Ihr könnts euch was wünschen. Der Bub ist quasi meine Jukebox.»

Rudi lachte sein lautes Lachen, während meine Ohren immer heißer wurden.

«Sing a mal, hier, die, wie heißen die noch, weißt scho ...» Er schlug mir auf die Schulter.

«Die Schpeida Mörfi!»

«Spider Murphy Gang», verbesserte ich ihn. Angesichts der Lage blieb mir nur die Flucht nach vorne. Lieber schnell singen und damit alles abkürzen, ansonsten käme ich hier gar nicht mehr raus.

«In München steht ein Hofbräuhaus», setzte ich unvermittelt an,

> «doch Freudenhäuser müssen raus,
> damit in dieser schönen Stadt
> das Laster keine Chance hat!
> Doch jeder ist gut informiert,
> Weil Rosi täglich inseriert
> Und wenn dich deine Frau nicht liebt –
> Wie gut, dass es die Rosi gibt!
> Und draußen vor der großen Stadt
> stehen die Nutten sich die Füße platt!
> Skandal! Im Sperrbezirk!
> Skandal! Im Sperrbezirk!
> Skandaaaal!
> Skandal um Rosi.»

Holger applaudierte begeistert, Rudi prostete mir anerkennend zu. Die anderen Alten nickten stumm, ich starrte in ihre offenen Mäuler. Ohne in Anjas Richtung zu sehen, bemühte ich mich, durchs Lied zu kommen.

> «Auch ich hab ihre Nummer schon:
> Unter zwounddreißig sechzehn acht
> herrscht Konjunktur die ganze Nacht!»

Ich war komplett durchgeschwitzt. Über den Inhalt dieses Liedes, das auf allen Radiosendern rauf und runter gespielt wurde, hatte ich mir noch nie Gedanken gemacht. Aber hier, in dieser Situation, war mir plötzlich jede einzelne Zeile unglaublich peinlich. Und so wechselte ich ohne Pause zu «Major Tom» von Peter Schilling, beließ es aber bei nur einer Strophe. Ich machte einen angedeuteten Diener, woraufhin Holger, ganz eingespielter Partner, bereits nach den leeren Bierflaschen griff, von denen reichlich auf dem Tisch standen. Mit beiden Armen presste er sie an sein Polohemd, während Rudi klatschte und die anderen Alten anerkennend auf die Tischplatte klopften.

Ich räusperte mich kurz, nuschelte ein «Pfiat euch» in Rudis Richtung und setzte mich wie benommen in Bewegung. Anja anzusehen, wagte ich noch immer nicht.

Stumm lief ich neben ihr her, Holger tönte begeistert von hinten: «Zwei Dolomitis! Zwei Dolomitis!»

Er lachte laut.

Holger konnte zwar nicht gut rechnen, aber er wusste, dass man für drei leere Flaschen sechzig Pfennig bekam, was dem Preis seines Lieblingseises entsprach, und so rechnete er alles in Dolomitis um.

Zwei Dolomitis, die mich fast einen Nervenzusammenbruch gekostet haben, dachte ich, da sagte Anja neben mir: «Is doch super!»

Zum ersten Mal sah ich zu ihr, suchte nach Spott oder Häme in ihrem Blick, aber da war nichts. Sie schien es ernst zu meinen.

Erleichtert deutete ich zur großen Rotbuche hinter dem Kinderbecken, wo die jungen Mütter mit ihren Kleinkindern saßen und man nicht Gefahr lief, auf Klassenkameraden zu treffen. Bloß nicht als Nächstes erklären müssen, mit wem ich heute hier war.

«Wollen wir uns dahinten hinlegen?», fragte ich, immer noch leicht verschämt.

Anja zuckte mit den Schultern. Und so breiteten wir unsere Badetücher im Schatten des riesigen Baumes aus. Holger hatte sein großes grün-weiß gestreiftes Frotteetuch dabei, das mehr als Decke diente, denn da er nie ins Wasser ging, erfüllte es seinen eigentlichen Zweck nicht.

Ich begann, mich auszuziehen, wickelte mein blaues Handtuch um die Hüften und griff nach meiner neuen Badehose: schwarz, mit den weißen Adidas-Streifen an der Seite, ein Geschenk meiner Eltern zum Geburtstag. Die alte Hose mit dem Schwimmabzeichen war mir knapp geworden und außerdem peinlich – in meinen Augen. Während Holger das Leergut in seinem Jutebeutel verstaute, zog Anja ihr T-Shirt aus. Holger sah ihr ungeniert dabei zu, und auch ich warf ein paar verstohlene Blicke auf sie. Denn Anja band sich kein schützendes Handtuch um. Wobei ihr Handtuch, das eher ein kleiner Fetzen war, wohl sowieso nicht als Blickschutz ausgereicht hätte. Jetzt wurde mir auch innerlich ganz heiß. Normalerweise waren die Mädchen, die ich kannte, mehr als schamhaft. Aber Anja stand dort oben ohne, und ganz selbstverständlich entledigte sie sich jetzt ihrer Jeans, strich ihre Unterhose ab und kramte dann gemächlich ihren Badeanzug aus ihrer verblichenen Plastiktüte hervor. Holger starrte baff, ich nestelte verwirrt an meinem Handtuch herum.

«Wahnsinn, ist das heiß», sagte Anja, «erst mal schwimmen, oder?»

Fragend sah sie zu mir, während sie seelenruhig ihren Badeanzug hochzog. Mein Blick fiel auf ihre Brüste, obwohl ich mich bemühte, nicht hinzusehen.

«Klar!», stammelte ich verlegen.

Holger starrte mit offenem Mund.

Wenig später standen wir am Ende des Beckens, wo das Wasser des Eisbachs über den Wasserfall ins Becken strudelte. Holger stand angezogen am Rand und gab die Befehle: «Köpper!», und dann: «Rolle rückwärts! Arschbombe!»

Abwechselnd sprangen wir ins kühle Nass, und Holger jubelte begeistert.

Seine Ausgelassenheit spornte uns an. Irgendwann waren wir vom eiskalten Wasser völlig ausgekühlt. Wir legten uns auf den von der Sonne erhitzten Teerweg, der nun angenehm wärmte, und guckten in den klaren kobaltblauen Himmel. Keine einzige Wolke am Firmament.

Ich lag neben Anja, Holger legte sich zu ihrer anderen Seite, ich schloss die Augen und fühlte mich lebendig wie lange nicht.

Holgers wohliges Grunzen riss mich aus meinem Tagtraum. Ich hielt die Hand schützend gegen das gleißende Sonnenlicht und traute meinen Augen kaum: Holger hatte sich an Anja geschmiegt, seine Hand streichelte ihre Brust.

«Das musst du nicht», sagte ich zu ihr.

«Lass ihn doch», kam ihre Antwort ganz lapidar, fast gleichgültig.

Holger schmatzte. Irgendwann hielt ich es nicht mehr aus.

«Lust auf n Dolomiti?», fragte ich laut.

Anders als sonst reagierte Holger nicht. Er lag da, ganz wohlig versonnen, und streichelte Anja einfach weiter.

«Also, ich brauch jetzt mal n Eis», sagte ich nach einer kurzen Weile und stand auf. «Kommt jemand mit?»

Anja löste sich von Holger und erhob sich ebenfalls, und so trottete schließlich auch Holger hinter uns her, als ich bewusst den Weg über die Liegewiese Richtung Kiosk einschlug, um Rudi und seinen Schafkopf-Kumpanen diesmal zu entrinnen. Immerhin tat Holger seinen Job und bettelte auf dem Weg noch ein paar Badegäste um leere Flaschen an; selten schlug ihm jemand etwas ab. Eine Weile später saßen wir am Eisbach, Anja und ich ließen unsere Beine ins Wasser baumeln und schleckten unser Eis. Nur Holger behielt seine Schuhe an, wie immer.

«Zieh dir doch wenigstens mal die Schuhe aus, bei der Hitze», meinte Anja zu ihm.

Holger schüttelte energisch den Kopf. Kleine Tröpfchen Dolomiti-Spucke flogen durch die Luft. Ich kannte Holger nur so, aber Anja gab nicht nach.

«Du schwitzt doch», sagte sie sanft und strich ihm eine nasse Strähne aus dem Gesicht.

Und dann beugte sie sich einfach vor, drückte mir ihr Eis in die Hand und begann, seine Schuhe auszuziehen. Anders als andere Jungs in unserem Alter trug Holger keine Turnschuhe, sondern eigenartige Anzugschuhe, eher wie mein Vater, mit komischen Bommeln vorne.

Holger sah in den Himmel, schleckte sein Eis und ließ es geschehen.

Anja zog ihm auch noch seine weißen Tennissocken aus. Ich beobachtete das alles, und für einen Moment ertappte ich mich bei dem Gedanken, ich wünschte, ich wäre auch behindert.

«Du tropfst», fuhr Anja mich an, «leck mal ab!»

Und so leckte ich brav abwechselnd an meinem und an ihrem Eis.

Anja war noch nicht fertig. Sie beugte sich über den Eisbach und schaufelte mit ihren Händen behutsam etwas Wasser über Holgers nackte kalkweiße Füße. Und – ich hatte es nicht für möglich gehalten – es schien ihm zu gefallen. Am Ende saßen wir alle drei dort nebeneinander und ließen unsere Beine ins Wasser baumeln.

«Ich muss mich noch ums Abendbrot kümmern», meinte Anja nach einer Weile.

«Meine Mama grillt heut im Garten. Die hat richtig viele Bratwürste gekauft. Wollt ihr kommen?» Holger blickte uns erwartungsvoll an.

«Ich darf nicht zu spät zu Hause sein», entgegnete ich, biss mir aber gleich auf die Zunge. Auf keinen Fall wollte ich, dass Anja allein zu Holger ging. Und überhaupt, war sie sich im Klaren darüber, welcher Gefahr sie sich dort eventuell aussetzte?

«Auf Grillen hätte ich mal wieder Lust», meinte Anja und wickelte ihre lange Strähne um ihren Zeigefinger.

«Meine Mama grillt am besten!», rief Holger überschwänglich und klatschte in die Hände.

Dabei sah er aus wie ein falscher Clown, das Wassereis hatte seine Lippen bis weit über die Konturen hinaus rot gefärbt. Wenig später zogen wir uns unsere Klamotten an – ich unterm Schutz meines Handtuchs, Anja unter der wachsamen Beobachtung Holgers. Dann machten wir uns auf den Weg zu Holgers Garten.

Die Indianerin stand am Grill, der schon reichlich mit Würsten und Fleisch bestückt war, und empfing uns herzlich.

«Meine Freundin Anja», sagte Holger stolz, auf Anja zeigend.

Und ich fügte hinzu: «Anja ist aus meiner Klasse.»

Anja nickte nur und schielte zu den Bratwürsten. Hätte ich ihr nicht einen Stups gegeben, hätte sie wohl vergessen, Holgers Mutter die Hand zu schütteln.

Während ich anschließend pflichtbewusst irgendwelche Erwachsenen begrüßte, sah ich immer wieder zu Anja, die im Wesentlichen damit beschäftigt war, sich den Magen vollzustopfen. Und die – ich sah es deutlich – die ein oder andere Bratwurst in ihrer Plastiktüte verschwinden ließ.

Holger hatte sich unterdessen ein leeres Einmachglas aus dem Haus geholt und stand konzentriert an den Staudenbeeten – offenbar auf der Jagd nach Bienentrophäen für seine Sammlung.

Nachdem ich ein paar anderen grellgeschminkten Frauen nichtssagende Fragen beantwortet hatte – «Du bist der nette Freund von Holger? Finde ich toll, dass du dich so um ihn kümmerst! Der arme Bub hat es ja nicht leicht» –, zupfte Anja mich behutsam am Ärmel: «Lass mal verschwinden.»

Ohne uns von Holger oder seiner Mutter zu verabschieden, stahlen wir uns leise durchs Gartentor davon.

Inzwischen war es spät geworden, längst hätte ich zu Hause sein müssen. Es war ein lauer Sommerabend. Ich konnte und wollte jetzt nicht gehen.

«Bringst du mich nach Hause?», fragte Anja, und auf einmal war sie nicht mehr cool, sondern sah ganz zerbrechlich aus.

Wir liefen den Weg hinunter und über die große Wiese, stapften die Böschung Richtung Eisbach hoch und krochen durch das Loch in ihr Versteck. Anja hängte ihre nassen

Badesachen über einen Zweig, dann öffnete sie den Reißverschluss ihres Schlafsacks und breitete ihn auf dem Boden aus. Sie winkte mich zu sich, und ich legte mich neben sie. Ihre Hand griff nach meiner, und in diesem Moment war ich überglücklich.

«Erzähl mir was», sagte sie leise.

Die Dämmerung hatte bereits eingesetzt. Keine Ahnung, wie spät es sein mochte, das war mir jetzt egal.

«Magst du Märchen?», fragte ich sie vorsichtig.

«Klar.»

«Welches Märchen möchtest du hören?»

«Mmmh. Was du magst», erwiderte sie, «ich find alles gut.»

Sie kuschelte sich ganz eng an mich, ihr kurzes Haar kitzelte an meiner Wange.

«Kennst du die Geschichte von der Baba Jaga und dem kecken Jungen?», flüsterte ich.

«Nein.»

Die russischen Märchen mochte ich am liebsten. Und so erzählte ich ihr von der Hexe Baba Jaga, die tief im russischen Wald in einem alten, verwitterten Haus wohnt, das auf Hühnerfüßen steht und sich um seine eigene Achse dreht. Ich erzählte und erzählte, schmückte aus, wo ich nicht mehr genau wusste, wie es weitergeht, und als ich schließlich endete, hörte ich ihren tiefen, gleichförmigen Atem.

Ich verharrte eine ganze Weile und genoss ihre Nähe. Irgendwann stahl ich mich leise davon.

//

Noch schlaftrunken setzte ich mich zu meinem Bruder an den Frühstückstisch. Meine Mutter war schon fast in voller Montur, sie zog gerade das Jackett ihres fliederfarbenen Kostüms an und zupfte ihre Schulterpolster gerade.

«Vergiss nicht, am Wochenende fahren wir zu Oma Martschis Geburtstag!», warf sie mir noch schnell zu, während sie letzte Schminkkorrekturen am kleinen Spiegel neben dem Kühlschrank vornahm.

Damit traf sie voll ins Schwarze, denn natürlich hatte ich das vergessen. Mein Bruder grinste, als er sah, wie die Ankündigung mich in Schockstarre versetzte. Provozierend zog er die Augenbrauen hoch, während er seine Smacks kaute.

«Wird bestimmt toll!», meinte er mit sarkastischem Unterton.

«Das ist ungerecht!», rief ich. «Wieso muss er eigentlich nicht mit?»

«Hab n wichtiges Spiel», entgegnete mein Bruder mit vollem Mund und ironischem Bedauern.

«Wenn's kein Relegationsspiel wär, käme ich ja gern mit. Aber ich kann die Jungs nicht sitzenlassen.»

Er zuckte mit den Schultern und griff erneut zur Smacks-Packung, aber diesmal war ich schneller. Wütend schüttete ich das süße Zeug in mein Schälchen.

Mein Bruder zog mich am Ärmel und schob mir die Haferflocken über den Tisch.

«Nicht zu viele Smacks nehmen», mahnte er streberhaft an, «höchstens halbe-halbe.»

«Da hat er allerdings recht», bestätigte meine Mutter, «so, ich muss jetzt los. Bis später!»

«Aber … Holger hat auch Geburtstag», wagte ich einen

verzweifelten Versuch, «und er will unbedingt, dass ich komme! Kommt doch sonst niemand.»

«Ich weiß, mein Schatz, das hat mir seine Mutter erzählt. Du sollst da auch unbedingt hingehen. Zum Glück ist der Geburtstag erst nächstes Wochenende.»

Sie winkte und zog die Tür hinter sich zu.

«So ne Scheiße.»

Genervt löffelte ich in mich hinein.

«Is doch lustig bei Oma Martschi», entgegnete mein Bruder voller Schadenfreude, «und wenn nicht: Du wirst schon für Stimmung sorgen!»

Er lachte über seinen eigenen Witz, griff sich sein Trainingszeug und knallte die Tür hinter sich zu.

//

Anja saß am Ufer des Eisbachs. Im Schneidersitz begutachtete sie ihre linke Fußsohle und stocherte mit einer Nadel darin. Ein Tropfen Blut rann über ihre Ferse.

«Tut das nicht weh?»

Ich wusste nicht, ob sie mich schon hatte kommen sehen. Auf jeden Fall sah sie gar nicht erst auf, sondern machte stumm weiter.

«Ein Splitter?», fragte ich.

«Nee, ein abgebrochener Dorn. Wegen dem verdammten Blut kann ich nichts sehen.»

Genervt rührte sie mit der Nadel in der kleinen Wunde herum.

«Kannst du mal helfen? Ich krieg das Ding nicht raus.»

Sie sah mich an. Mir bereitete schon allein der Anblick ihrer Ferse mit der darin steckenden Nadel Schmerzen.

«Kannst du, oder kannst du nicht?», setzte sie ungeduldig nach.

Zögerlich kniete ich mich neben sie, nahm die Nadel und tupfte mit einem Taschentuch das Blut ab, um überhaupt die Wunde sehen zu können. Sofort quoll frisches Blut nach.

Zaghaft setzte ich die Nadel an, und nachdem mir Anja auffordernd zunickte, stach ich in das dunkle Rot. Vorsichtig bewegte ich die Nadel hin und her, bis ich einen leichten Widerstand spürte. Das musste der Dorn sein. Anja biss sich auf die Zähne. Ich hielt inne, ich wollte ihr nicht noch mehr weh tun.

«Was ist?», herrschte sie mich an. «Hebel das blöde Ding raus! Sonst muss ich warten, bis es rauseitert.»

Folgsam stach ich also die Nadel tiefer, Anja zuckte vor Schmerz zusammen, ich zog die Nadelspitze langsam hoch und beförderte den schmerzenden Stachel tatsächlich an die Oberfläche.

«Danke», sagte sie, ohne mich anzusehen. «Holst du mir mal den Becher?»

Als ich mit dem angeschlagenen Emaillebecher aus dem Lager zurückkehrte, hatte sie ihren grünen Tabaksbeutel in der Hand und zog ein kleines Briefkuvert daraus hervor, dem sie ein paar schwarze Krümel entnahm. Ich musste an Julian denken.

«Sind das Drogen?», fragte ich vorsichtig.

Genervt zog sie die Augenbrauen hoch.

«Du hast echt überhaupt keine Ahnung», murmelte sie, «gieß mir mal bisschen Wasser ein.» Sie deutete zu der Flasche, die neben ihr im Gras lag.

Ich schüttete das Wasser in den Becher, anschließend gab sie die Krümel hinzu. Schlagartig färbte sich das Wasser knallig pink.

«Kaliumpermanganat», erklärte sie beiläufig, «gibt's in jeder Apotheke.»

Sie tränkte ein Taschentuch mit dem pinken Saft und wusch damit ihre Ferse ab.

«Desinfiziert alles, nicht nur Wunden. Wenn du davon eine Messerspitze in einen Liter Flusswasser gibst, kannst du sogar das Wasser der Isar trinken.»

Ich war beeindruckt.

Dann zupfte sie ein paar Gänseblümchen neben sich ab, zerrieb Blüten und Blätter zwischen ihren Fingern und drückte das Ganze auf die kleine Wunde, bevor sie ihren Strumpf darüberzog.

«Hilft das?», fragte ich.

«Klar. Gibt kaum was, wogegen Gänseblümchen nicht helfen.»

//

Ein kleines Kitzeln. Ich sehe auf meine nackten Füße hinab. Zwischen meinen Zehen steckt ein Gänseblümchen. Ich hebe es vorsichtig auf und betrachte die kleine Blüte in meinem Handteller. Die filigranen weißen Blütenblätter, auf der Unterseite zartrosa überhaucht. Früher zählten wir anhand der Blütenblätter ab, ob einen der andere liebte oder nicht. Wenn ich heute zurückschaue, dann frage ich mich immer wieder, ob die Dinge vorherbestimmt sind.

Veränderungen geschehen in meinem Leben häufig eruptiv. Das heißt, die Dinge bahnen sich zwar an, allerdings außerhalb meines Blickfeldes, irgendwo in den Tiefen. Wenn sie schließlich hervorbrechen, erkenne ich erst im letzten Moment, dass diese gewaltigen Kräfte sich bereits seit langer Zeit unheilvoll angestaut haben.

Diese Erkenntnis kommt spät, zu spät. Ich frage mich, ob ich die Dinge hätte verändern können, wenn ich im richtigen Moment wach gewesen wäre. Oder ob es einfach Schicksal ist?

Ich stecke die kleine Blüte in meinen Mund. Ein milder, leicht nussiger Geschmack. Es ist lange her, dass ich Gänseblümchen gegessen habe.

//

«Du weißt nicht, dass man die essen kann?» Anja lachte, ihre Zahnlücke direkt vor mir.

«Man kann vieles essen. Und die besten Sachen gibt's nicht unbedingt im Supermarkt.»

Sie hielt mir einen kleinen Strauß Wildblumen vor die Nase.

«Hier. Damit kann man einer Frau gleich zweimal eine Freude machen. Erst erfreut sie sich an ihrer Schönheit. Und dann isst sie sie auf.»

Und damit stopfte sie sich einen Teil des Sträußchens in den Mund und fing kräftig an zu kauen.

«Lass mich auch mal», rief ich und griff nach ihrer Blumenstraußhand. Lachend zog sie sie weg.

«Ich weiß nicht, ob ich dich von meiner Schönheit kosten lasse», sagte sie mit einem eigenartigen Lächeln, das mich verlegen machte. Dann gab sie mir, was von dem Strauß noch übrig war.

Ich betrachtete die Blumen. Als kleiner Junge hatte ich meiner Mutter manchmal solche Sträuße gepflückt. Bis auf Gänseblümchen und Klee kannte ich keine der Pflanzen, die ich jetzt in der Hand hielt. Nach und nach steckte ich mir ein paar Blüten in den Mund. Sie schmeckten unterschiedlich und in der Tat gar nicht schlecht: Manche säuerlich, andere hatten etwas Scharfes, das an Radieschen erinnerte.

Anja drehte sich neben mir eine Zigarette.

«Wenn ich groß bin, möchte ich Kinder haben», sagte ich, «möglichst viele.»

«Ich nicht», entgegnete Anja und zündete sich die Zigarette an.

«Wieso nicht?», fragte ich. Ihre Antwort erstaunte mich, denn normalerweise wollten alle Mädchen Kinder haben.

Sie zuckte mit ihren Schultern. «Weiß nicht. Man weiß nie, was kommt. Außerdem wär ich keine gute Mutter. Und schlechten Müttern nehmen sie die Kinder weg. Die landen dann im Heim. Das will ich nicht.»

Sie blies kleine Rauchkringel in die Luft.

«Aber du wärst ein guter Vater», sagte sie und grinste mich an.

Vor meinem geistigen Auge sah ich uns und um uns herum lauter kleine Anjas und Konrads, alle mit dieser Zahnlücke zwischen den Schneidezähnen. Ich musste schmunzeln.

«Was ist?» Sie sah mich forschend an.

«Ach nichts», log ich, nahm einen Zug von ihrer dünnen Zigarette und musste husten.

//

«Gott gibt es nicht», sagte Anja und schwieg einen Moment. «Aber mit dem Teufel kann man sich unterhalten. Hast du Bock?»

Ich sah sie verständnislos an.

Wir saßen im hohen Gras der Wiese vor dem Lager, der Eisbach plätscherte in unserem Rücken. Es wurde bereits dunkel, und über uns leuchteten die ersten Sterne.

In ihrer Hand hielt sie zwei runde Plastikflaschen. «Exxon» las ich dort aufgedruckt, «Feuerzeuggas».

Sie warf mir eine Flasche zu.

«Erst ‹ex›, dann bist du ‹on›.» Anja grinste mich dunkel an.

Dann riss sie die rote Kappe von ihrer Flasche, brach einen darin verborgenen Adapteraufsatz heraus, steckte ihn auf das kleine goldene Flaschenventil und biss darauf. Sie hob die Flasche an, neigte sie kopfüber und drückte das Ventil in ihre Zahnlücke. Zischend spritzte ihr das Butan in den Mund, die Spucke gefror in kleinen Perlen, die lustig herumsprangen. Ich wusste nicht recht, was ich davon halten sollte.

«Pass mal auf», zwinkerte sie mir zu, einen kräftigen Hub Butan inhalierend.

«Ich bin die böööse Micky Maus!!»

Ihre Stimme war völlig verzerrt, sie klang wie aus einem

Zeichentrickfilm oder wie die Schlümpfe auf der alten Langspielplatte meines Bruders.

Ich musste lachen.

Kurze Zeit später inhalierten wir beide abwechselnd Butan und lachten uns schlapp.

«Das ist der Teufel», sagte Anja mit Micky-Maus-Stimme, «der fängt immer lustig an.»

Dabei warf sie mir einen Blick zu, der mich verunsicherte. Als wisse sie etwas, von dem ich noch keine Ahnung hatte. Ihre hellbraunen Augen glänzten.

«Hast du schon ein heißes Arschloch?», fragte sie mich nach einer Weile.

Ich lachte, erst nur wegen der Frage. Dann aber, tatsächlich, ich kriegte mich gar nicht mehr ein vor Lachen: Mein Arschloch brannte wie Feuer.

Sie inhalierte einen kräftigen Hub, ich tat es ihr nach.

«Gleich kannste dich mit ihm unterhalten», hauchte sie mir sanft zu, hob ihre Rechte zum Teufelsgruß und sank neben mir ins Gras. Ich nahm noch einen Zug und legte mich neben sie.

Ich blickte in den Himmel: in die unendlichen Weiten der Galaxie. Es war, als hätte sich der Himmel geöffnet. Ich war überwältigt. Und hinter einer Galaxie tat sich die nächste auf, die Welt war unendlich groß. Es fröstelte mich. Ich sah in dieses unendliche Schwarz, von Tausenden winzigen Lichtpunkten durchsetzt. Aber die Welt blieb schwarz. Schwarz und kalt.

«Gott gibt es nicht.» Anjas Worte fielen mir wieder ein. Und ich wusste, dass sie recht hatte. Es gab keinen Gott. Gott war ein Wunschgedanke der Menschen. Ein Strohhalm, an den wir uns verzweifelt klammerten. Und plötzlich wurde mir bewusst, dass wir alle einer gewaltigen Lüge aufsaßen. Es gab keine Hoffnung, es gab keine Liebe, erst recht kein Leben nach dem Tod. Jeder von uns war gefangen in seiner eigenen Illusion, in einer Traumwelt, die eigentlich gar nicht existierte. Das Böse regierte die Welt, und alles andere war nichts als ein Wunschtraum. Und wir alle hielten uns verzweifelt daran fest, wie die Zeugen Jehovas an ihrer immer gleich aussehenden Wachtturm-Zeitschrift im U-Bahnhof. Lachhaft. Nur dass es nichts zu lachen gab.

Mein Körper fühlte sich taub an. Vermutlich dauerte es eine Ewigkeit, bis ich es spürte. Etwas strich sanft über meinen Oberarm. Zaghaft und leicht, wie ein kleines Feenwesen. Ich wagte kaum zu atmen.

Ich spürte ihre Fingerspitzen ganz sachte über meinen Arm streichen. Langsam wandte ich den Kopf zu ihr. Sie hatte die Augen geschlossen, den Mund leicht geöffnet. Ihre Zahnlücke, die ich so mochte. War sie hier, oder war sie noch beim Teufel?, fragte ich mich kurz.

Da spürte ich ihre weichen Lippen auf meinem Mund. Sie küsste mich ganz zart, wie ein Hauch, und dann schienen unsere Lippen miteinander zu verschmelzen. Ich weiß noch, dass ich wünschte, es würde nie wieder aufhören. Wir beide, die letzten Menschen auf der Erde, Adam und Eva, zwei gleichwarme Lebewesen in dieser Welt, die ein offener Kühlschrank war. Ihre Zungenspitze berührte die meine, ganz zaghaft und behutsam schienen sich unsere Zungen zu begegnen, zwei einsame, furchtsame Wesen, letzte Lichtpunkte im unendlichen Schwarz.

Irgendwann erwachte ich. Anja lag schlafend in meinem Arm. Ihre Nase in meiner Achsel vergraben, die Knie angezogen, sah sie aus wie ein schlafender Fuchs. Ich streichelte ihr über das Gesicht, sie schmatzte leise im Schlaf. Zum ersten Mal in meinem Leben fühlte ich mich wie ein Mann. Ein Mann mit einer Frau, mit seiner Frau.

Lange sah ich sie an, ich roch an ihrem Haar, sog ihren Duft ein, nach Wald und etwas, das ich nicht beschreiben kann. Vorsichtig zog ich meinen Arm unter ihr hervor. Sie zuckte kurz zusammen, ich deckte sie mit meiner Jacke zu, dann atmete sie wieder ruhig. Leise schlich ich davon.

«Wo bist du gewesen?», fragte es aus dem Dunkel, kaum dass ich lautlos durch die Wohnungstür getreten war. Meine Mutter saß im Nachthemd in der dunklen Küche. Ihre Stimme klang verärgert, aber noch überwog die Sorge, die dabei mitschwang.

«In der Flori», antwortete ich überfordert.

«Die Flori ist seit Stunden zu. Weißt du überhaupt, wie spät es ist?»

Das wusste ich nicht, es war mir gerade aber auch egal.

«Wir lagen auf dem Hügel hinter den Duschen und … und haben uns die Sterne angesehen.»

Sie schaltete die Lampe über dem Herd ein und sah mich forschend an.

«Bist du verliebt?»

«Quatsch!»

Meine Mutter atmete laut aus, ich meinte ein kurzes Lächeln über ihr Gesicht huschen zu sehen, dann gingen wir beide ins Bett.

//

Missmutig saß ich auf der Rückbank und starrte in die Landschaft, die draußen vorm Fenster vorbeiflog. Vor mir stritten meine Eltern. Obwohl ich den Walkman voll aufgedreht hatte und mir die United Balls «Pogo in Togo» ins Ohr schrien, war ihre Diskussion nicht zu überhören. Wir hatten uns verfahren, wie jedes Mal, wenn wir zu Oma Martschi fuhren. Wie immer saß mein Vater am Steuer unseres Opel Ascona, während meine Mutter neben ihm die Landkarten auf- und zuklappte. Nachdem sie zuvor im dicken Shell-Reiseatlas geblättert hatte. Immerhin waren wir schon bei den Landkarten angelangt, dachte ich.

Und während sie stritten, fragte ich mich, ob es Oma Martschis dunkle Energien waren, die schon jetzt Zugriff auf uns hatten – wie eine riesige Krake mit kilometerlangen Tentakeln, in deren Fängen wir uns längst befanden, ohne dass meine Eltern es auch nur ahnten.

Die alte Hamstermörderin, dachte ich und zuckte unwillkürlich zusammen. Unter keinen Umständen durfte mir dieses Wort noch einmal über die Lippen kommen.

Vorletztes Jahr hatte ich damit das Weihnachtsfest gesprengt. Damals hatte Oma Martschi sich erstmals zum heiligen Fest selbst beschenkt, offenbar in Ermangelung anderer Schenkender, denn ihr Mann, Opa Heinz, war zwei Jahre zuvor gestorben. Das konnte ich an sich gut nachvollziehen. Wenn man so alt ist, dass die Liebsten um einen herum allmählich verschwinden und damit auch ihre Geschenke, warum sich nicht selbst ein wenig Freude bereiten?

Oma Martschi hatte es, ganz wie es auch sonst ihre Art war, nicht zimperlich angehen lassen, und hatte sich ein großes Geschenk gemacht, ein sehr großes: einen Pelzmantel.

Stolz hatte sie uns am Weihnachtsabend den riesigen braunen Pelz vorgeführt, in dem sie aussah wie ein russischer Zar. Oder zwei. Alle hatten bewundernd «Oh!» und «Ah!» gerufen und nach dem samtenen Fell gegriffen, hatten es befühlt und bestaunt.

«Das ist ja herrlich weich, was ist es denn?», hatte Tante Lisbeth schließlich gefragt. Und meine Oma, die sich durch die Begeisterung bestätigt und auch geschmeichelt fühlte, hatte stolz geantwortet: «Hamster!»

In diesem Moment hatte es einen Knacks in mir gegeben, irgendwo tief drinnen.

Plötzlich sah ich die vielen putzigen Hamster vor mir, die mich schon oft aus den Glasterrarien der Zoohandlung Dehner am Viktualienmarkt angesehen hatten. Unzählige Male hatte ich meine Mutter angebettelt, mir solch ein niedliches Tierchen kaufen zu dürfen – erfolglos.

In «Der Tierfreund», meiner Kinderzeitschrift, hatte ich gelesen, dass man für einen einzigen Pelzmantel hundert Hamster benötigte. Eine Zahl, die mich schwindlig werden ließ. Einhundert kleine Hamster hatten qualvoll ihr Leben lassen müssen, damit Oma Martschi im Winter nicht frieren musste. Ausgerechnet Oma Martschi, die ziemlich dick war. Und wo Fett doch bekanntlich wärmt. Vor meinem geistigen Auge sah ich die vielen Hamsterleichen, von Oma Martschi tropfte das Hamsterblut. Es grummelte und gärte in mir.

Als die Weihnachtsgans aufgetragen wurde und alle sich erwartungsvoll an den Tisch setzten, wies meine Mutter mir ausgerechnet den Platz neben Oma Martschi zu. Da platzte es aus mir heraus: «Ich will nicht neben der Hamstermörderin sitzen!», schrie ich zornig und rannte heulend hinaus.

Mein Bruder erzählte mir später, dass an diesem Abend

niemand mehr den Pelz erwähnte, geschweige das Wort Hamster in den Mund nahm. Als wir am nächsten Morgen abreisten, trug Oma Martschi ihre alte Winterjacke. Bei der Verabschiedung gab sie mir kühl die Hand.

Draußen sah man bereits die Klinkerbauten der nordrhein-westfälischen Kleinstadt vorbeiziehen, in der meine Oma wohnte. Es konnte nicht mehr weit sein, doch meine Eltern stritten noch immer. An einer roten Ampel stieg meine Mutter wütend aus und knallte die Autotür zu. Als es grün wurde und wir nicht gleich weiterfuhren, weil meine Mutter keine Anstalten machte, wieder einzusteigen, hupte es hinter uns, mein Vater gab fluchend Gas. Als wir einmal um den Block gefahren waren, war meine Mutter verschwunden. Wir drehten ein paar weitere Runden, und irgendwann hatten wir sie tatsächlich wiedergefunden. Nachdem meine Mutter sich auf einem Tankstellenklo frisch gemacht hatte, trafen wir endlich, wenn auch reichlich verspätet, bei Oma Martschis «Kaffeekränzchen» ein.

Ich schüttelte die vielen Hände meiner Tanten und Onkel, Großtanten und Großonkel und hörte mir brav an, «wie unglaublich groß» ich geworden sei und wie «verblüffend ähnlich» ich mal meiner Mutter, mal Oma Martschi sähe. Mein Vater schien in meiner Genetik überhaupt nicht vorhanden zu sein.

Meine Oma thronte in der Mitte der Kaffeetafel, mit lauter Stimme erzählte sie Geschichten von früher und lachte über ihre Anekdoten selbst am meisten. Sie trug ihre große Perlenkette, wie immer an Festtagen, und dazu die schweren goldenen Ohrgehänge, die ihre Ohrläppchen so weit nach unten zogen, dass ich an afrikanische Eingeborene denken musste. Die Festgesellschaft saß um sie herum, aß Kuchen und hörte andächtig zu.

Ich stellte mir vor, meine Oma sei die Königin eines afrikanischen Ureinwohnerstammes, der noch fern jeder Zivilisation im dichten Busch lebte und sich von Menschenfleisch ernährte. Meine Oma hatte einen Flugzeugabsturz über dem Regenwald überlebt und war von den Ureinwohnern herzlich aufgenommen worden, nachdem sie sie gefunden hatten. Denn weil sie so besonders aussah, weiß und dick, und ihren Hamstermördermantel trug, dachte man, meine Oma sei aus dem Götterhimmel herabgestiegen, was in gewisser Weise ja auch stimmte, und machte sie zur Königin.

Meine Oma lachte ihr donnerndes Buschlachen, dann drehte sie sich plötzlich zu mir um und rief etwas in der fremden afrikanischen Sprache. Verständnislos sah ich sie an.

«Du sollst aufhören zu trommeln! Bist du taub, Konrad?», schrie Oma Martschi.

Erst jetzt fiel mir auf, dass ich seit einer Weile mit meinen Händen auf die Tischplatte trommelte. Meine Cousinen am Ende der Festtafel kicherten. Sie waren viel jünger als ich, immer recht albern und konnten nichts dafür. Heimlich hatte ich gehofft, meine große Cousine Maria würde hier sein. Mit ihr konnte man richtig reden, und vor einem Jahr hatten wir uns sogar einmal geküsst, obwohl das verboten war, wie mein Bruder meinte.

«Nein, Maria ist nicht mitgekommen. Sie hat seit ein paar Monaten einen Freund», sagte Tante Lisbeth, als ich sie fragte, und verdrehte die Augen. «Sie hat nichts anderes mehr im Kopf. Unter uns», sie wandte sich verschwörerisch zu meiner Mutter, «ich bin ganz froh, sie mal nicht dabeizuhaben.»

Na toll, dachte ich, und was mache ich dann bitte hier? Frustriert stopfte ich mich mit Kuchen voll und schnitt ein paar Grimassen, damit meine Cousinen etwas zu lachen hatten.

«Eine Vier in Latein!» Oma Martschi rümpfte die Nase. «Das ist kein schönes Geburtstagsgeschenk!»

Sie kniff mir in die Wange, was mehr schmerzte, als ich zugeben wollte. Wie jedes Jahr mussten wir Enkel uns vor ihr aufstellen und ihr zum Geburtstag unsere Jahreszeugnisse präsentieren. Die Cousinen hatten natürlich nur Einser und Zweier, was in der Grundschule keine große Kunst war, und wurden liebevoll getätschelt. Anschließend steckte ihnen Oma Martschi einen Zehnmarkschein zu, für den sich jede zuckersüß mit einem Knicks bedankte.

Dann war ich an der Reihe. Aufmerksam studierte sie mein Zeugnis. Etwas zuckte nervös in ihrem alten Gesicht, unter ihrem rechten Auge. Ich war reichlich genervt. Für diesen Scheiß war ich viel zu alt – warum durfte ich nicht wie mein Bruder zu Hause bleiben?

«Naja», sagte sie schließlich abschätzig und drückte mir einen Fünfmarkschein in die Hand, den ich ihr am liebsten vor die Füße geworfen hätte. Aber ich sah meine Mutter hinter ihr stehen, sah ihren warnenden Blick und musste an das Weihnachtsfest mit der Hamstermörderin denken. Ich ließ es bleiben.

Warte nur, dachte ich.

Und ich dachte an Anja. Ich stellte mir vor, wie ich sie heiraten würde. Kein Mädchen aus gutem Hause, sondern eines aus gar keinem Hause. Ich sah es vor mir, das ganze Bild: Anja und ich, das Hochzeitspaar, daneben eine schockierte Oma Martschi. Und am Rand, ganz am Rand: Holger, ein Spuckefaden tropfte ihm aus dem Mund. Und er warf fröhlich mit Reis, nur leider daneben: voll auf meine Oma.

Ich lächelte sie an. «Danke, Oma Martschi», sagte ich höflich, und meine Mutter war zufrieden.

//

Neunundvierzig Mark stand auf dem Preisschild. Neunundvierzig Mark, die ich nicht hatte.

Ihre Küche für unterwegs. Ob heißer Kaffee, Eintopf, Nudeln oder ein Spiegelei. Mit diesem Koch-Set können Sie ihre Lieblingsspeisen ganz einfach auf dem Zeltplatz zubereiten.

Der kleine Karton beinhaltete einen Gaskocher mit Kartusche, zwei Töpfe mit Deckel, der sich als Pfanne nutzen ließ, und eine kleine Teekanne. Neunundvierzig Mark, um Anja glücklich zu machen.

In meiner Spardose waren gerade mal fünfzehn Mark und fünfzig Pfennige. Mit Flaschensammeln und Singen konnte man sich immer ein bisschen was verdienen, aber nicht so viel, dass man in absehbarer Zeit zu diesem Betrag gekommen wäre.

«Wenn ich mal was brauche und hab gerade nicht genügend Kohle, dann hol ich mir den Scheiß eben einfach», pflegte Julian zu sagen. Und er wusste auch, wo: «Nicht beim Tante-Emma-Laden um die Ecke, sondern in den großen Kaufhäusern: Karstadt, Hertie. Die haben so viel, die merken das doch gar nicht.»

Julian klaute gern. Und viel. Oft hatte ich das Gefühl, es ging ihm gar nicht um das, was er da mitgehen ließ. Denn eigentlich hatte er ja alles. Klauen war einfach das, was er am liebsten tat. Und wenn Klauen sein Lieblingshobby war, dann war Klau-Beratung sein zweitliebstes.

«Kleiner Tipp: Ganz selbstverständlich handeln. Kurz die Lage checken, dann den Scheiß gemütlich angucken und einfach einstecken. Frechheit siegt. Und: Nicht umschauen! Das ist das Wichtigste! Wer sich die ganze Zeit nach allen Seiten umschaut, ist sofort verdächtig. Der macht was Verbotenes, sieht sofort jeder. Wer ganz natürlich tut, dagegen nicht. Ist ganz einfach. Kann man sich ne Menge Geld sparen.»

Um das Ganze zu unterstreichen, spuckte er in Cowboymanier auf den Boden.

Eigentlich war Klauen gar nicht mein Ding. Aber seitdem ich das Camping-Koch-Set im großen Karstadt in der Fußgängerzone entdeckt hatte, ging es mir nicht mehr aus dem Kopf.

«Du kennst doch Robin Hood?», fragte ich Holger.

Wir lagen auf unseren Handtüchern im Schatten der Rotbuche hinter dem Kinderbecken. Holgers Stirn zog sich vor lauter Konzentration in Falten. Er aß gerade Buchstabenkekse und versuchte, dabei seinen Namen zu legen. HOL hatte er bereits vor sich auf dem grün-weiß gestreiften Handtuch.

«Kennst du?», hakte ich ungeduldig nach.

«Ja!», rief Holger freudig, wobei ich nicht genau wusste, ob das mir galt oder dem G, das er gerade anfügte.

«Also. Robin Hood nimmt ja den Reichen was weg und gibt es den Armen», führte ich aus.

Holger nickte eifrig und griff wieder in die Kekstüte.

«Und so was könnten wir doch auch machen.»

Ganz wohl fühlte ich mich nicht, wie ich da versuchte, ihn für meinen Plan zu gewinnen. Nachdenklich langte ich jetzt auch in die Tüte.

«Weißt du, wenn Anja mal was Warmes essen möchte, ohne dass sie gleich ein Feuer machen muss – das sie ja auch verraten kann …»

«Konni!», unterbrach er mich entsetzt, aber da war es bereits zu spät: Gerade hatte ich ein Stück vom E abgebissen.

Genervt wühlte ich in der Tüte, die Holger allerdings schon weitgehend geplündert hatte. Leider war kein E mehr zu finden.

«Also, was ich meine: Anja ist ja wirklich arm, und noch dazu hat sie keine Eltern …»

Aber Holger hörte mir gar nicht richtig zu. Immer wieder studierte er die paar blöden Kekse, die noch übrig waren, bis ich ihm schließlich ein A hinlegte.

HOLGA stand da jetzt. Doch damit gab er sich zufrieden und stopfte seinen ganzen falschen Namen mit einem Schwung in sich rein.

«Also noch mal: Bist du dabei?»

Braune Krümel klebten in seinem Oberlippenflaum.

«Ja, Konni!», grunzte er mich strahlend an.

Alleine hätte ich mich nicht getraut. Aber auch so war ich schrecklich aufgeregt, als wir am nächsten Nachmittag im Karstadt standen. «Ganz selbstverständlich tun», «nicht umgucken», von wegen. Von jeder Selbstverständlichkeit war ich weit entfernt. Bereits zum dritten Mal kehrte ich jetzt mit Holger im Schlepptau zum Regal mit dem Campingbedarf zurück. Außer uns war kaum Kundschaft da. Ich sah nun doch verstohlen einmal nach links, einmal nach rechts, aber da war nur Holger, der an einem auf dem Boden aufgebauten Zweimannzelt rumzupfte. Jetzt oder nie. Ich öffnete meine rote Schwimmtasche, versenkte schnell den Karton darin und deckte meinen Kapuzenpulli über die an der Tasche deutlich sichtbaren Kanten. Den Pulli hatte ich mir extra zu diesem Zweck um die Hüften gebunden.

«Lass die Biege machen», sagte ich leise und drehte mich zu Holger um. Aber der war verschwunden.

«Holger?» Ich sah in den nächsten Gang, in den übernächsten: nichts. Angstschweiß trat mir auf die Stirn. Ein kleiner, dicker Mann im weinroten Jackett sah mir fragend zu, als ich so den Mittelgang auf und ab tigerte. Schließlich stand ich in den Kurzwaren, lief von da zurück Richtung Camping und überlegte ernsthaft, ob ich meine Beute wieder auspacken sollte, um dann Holger ausrufen zu lassen. Wie sollte ich ihn wiederfinden. Da hörte ich ein Kichern.

«Holger?» Das Zelt wackelte verdächtig. Ich riss den Reißverschluss auf.

«Komm rein, Konni!» Holger winkte mir begeistert zu.

«Nein!», zischte ich. «Wir haben jetzt keine Zeit für so was!»

«Wegen Robin Hut?»

«Ja! Komm jetzt!» Von der Schärfe meines Tons überrascht, kroch er aus dem Zelt heraus.

Am Ende des Gangs stand der Mann im weinroten Jackett, Holger sah ihn ebenfalls. Ungeniert zeigte er mit dem Finger auf ihn und fragte mich:

«Ist das einer von den Reichen?»

«Glaub schon», erwiderte ich leise.

Und dann gingen wir los, zielstrebig und im Stechschritt Richtung Ausgang. «Nie rennen», klangen mir Julians Worte im Ohr. Ich hörte, wie der Mann uns hinterher- und immer näher kam. Und obwohl ich nun am liebsten doch gerannt wäre: Holger war in dieser Hinsicht sowieso viel zu lahm. Zum Rennen waren seine X-Beine völlig ungeeignet.

«Spastblick!», zischte ich ihm gerade noch zu, und da fühlte ich auch schon, wie der Mann mich am Ärmel packte: «Entschuldigung, die Herrschaften!»

Ich drehte mich langsam um und nahm alles wie in Zeitlupe wahr: groß vor uns der Mann im weinroten Jackett. Er trug ein gestreiftes Hemd mit einer eigenartig bunten Krawatte, die aussah wie ein schlechtes Graffito. In seinem rosa Gesicht prangte ein schwarzer Schnauzer, seine wenigen verbliebenen Haare trug er quer über seine Glatze gescheitelt.

Gerade wollte ich mich ergeben, die Hände heben oder was man da eben macht, als ich merkte, dass der Mann gar nicht mich ansah, sondern Holger, direkt neben mir. Ich drehte den Kopf und sah Holgers astreine Performance: Sein Gesicht war hochrot angelaufen, die Spuckefetzen im Mundwinkel bildeten kleine Schaumkronen, die Augäpfel waren hinter den dicken Brillengläsern gespenstisch nach oben verdreht, und er ruderte mit den Armen. Dann öffnete sich sein Mund. Und er röhrte. Er röhrte laut wie nie. Chewbacca war ein Witz gegen ihn.

Ich spürte, wie der weinrote Mann, dessen Wangen zunehmend die Farbe seines Jacketts annahmen, meinen Ärmel langsam losließ. Und plötzlich kam ich wieder zu mir.

«Mein Bruder» rief ich, «mein Bruder hat einen Anfall! Wir brauchen dringend einen Notarzt!»

Ich war selbst überrascht, wie überzeugend ich klang, wahrscheinlich floss meine ganze Panik in diesem Moment in meine Worte. Der Mann starrte mich mit offenem Mund an.

«Ich suche schon die ganze Zeit nach Hilfe!», erklärte ich ihm. «Sind Sie von hier? Können Sie einen Notarzt rufen?»

«Ja, ja ... natürlich», stotterte er.

«Und könnten Sie ihm vielleicht ein Glas Wasser bringen? Das hilft manchmal.»

«Ja ... bin sofort wieder da.» Er starrte immer noch gebannt auf Holger, dann erwachte er aus seiner Trance und rannte los.

Ich nahm Holger an seinem linken rudernden Arm und zog ihn ganz langsam Richtung Ausgang. Niemand hatte richtig etwas von der Aktion mitbekommen. Ein paar Kunden starrten uns jetzt an, eine Oma hielt sich erschrocken die Hand vor den Mund.

«Noch nie einen Behinderten gesehen?», bellte ich sie an. «Ja, stellt euch mal vor: Mein Bruder ist behindert!»

Sofort guckten alle betreten weg und gingen wieder ihren Geschäften nach.

Fünf Minuten später saßen wir nebeneinander in der U-Bahn und fuhren nach Hause.

«Konni?»

«Ja?»

Holger strich sich seine verschwitzten Zuckerwattehaare aus dem Gesicht.

«Robin Hut hat gewonnen!» Er grinste.

«Ja», antwortete ich und sah auf meine Hände, die vor Aufregung noch immer zitterten. «Ja, das hat er!»

Wir trommelten auf meine prallgefüllte Schwimmtasche, und dann lachten wir, bis uns die Tränen kamen.

//

Das Ganze sah aus wie ein Kunstwerk. Der Rand mit gerösteten Mandelsplittern garniert, die Deckschicht aus Sahne, mit aufgespritzten rosa Cremetupfern, in deren Mitte rote Himbeeren leuchteten. Achtzehn brennende Kerzen standen im Kreis auf der Torte und spiegelten sich flackernd in Holgers dicken Brillengläsern.

Und auch wenn ich es besser wusste, so richtig glauben konnte ich es selbst kaum: Wie achtzehn sah Holger nun wirklich nicht aus. Weder war er entsprechend groß, noch sah man irgendein Barthaar in seinem Gesicht sprießen, abgesehen von seinem dunklen Oberlippenflaum. Auch seine Stimme klang eher knabenhaft hoch, nicht wie die eines Mannes.

Wir saßen unter dem großen Apfelbaum im Kleingarten seiner Eltern. Die Indianerin machte ihrem Spitznamen ganze Ehre: In voller Kriegsbemalung, ihr Teint noch dunkler als sonst, stand sie stolz hinter ihrem Sohn, die Hände auf seine Schultern gelegt. Beiden gegenüber saß Holgers Vater, ein hünenhaft großer, dicker Mann, und hielt eine Polaroidkamera vor sein Gesicht.

«Mach dir mal die Spucke weg», wies er seinen Sohn an,

der sich sofort hektisch mit der Serviette über den Mund fuhr.

«Bei drei! Eins...», begann er langsam zu zählen, Holger rutschte nervös auf seinem Stuhl hin und her und konnte sich vor Anspannung kaum zurückhalten.

«Zwei... drei!» Die Polaroid blitzte, und Holger blies mit vollen Backen auf die Kerzen. Seine Mutter unterstützte ihn dabei, damit alles ohne Kerzenunfall über die Bühne ging.

Während sein Vater mit dem Polaroidabzug wedelte und von Zeit zu Zeit einen prüfenden Blick darauf warf, streichelte die Indianerin liebevoll über Holgers Haupt.

«Jetzt bist du volljährig, mein Großer», sagte sie und gab ihm einen Kuss auf seinen schwarzen Schopf.

Holger strahlte über das ganze Gesicht.

«Achtzehn, Konni!», rief er begeistert und röhrte laut.

«Ich bin jetzt ein Erwachsener, Konni!»

Dabei wurde sein Grinsen noch breiter: «Jetzt müssen alle immer ‹Herr Holger› zu Holger sagen!»

Er lachte laut und überschwänglich, und wir lachten mit, nur Holgers Vater guckte immer noch prüfend auf das Polaroidbild und blieb still, wie auch sonst meistens. Schließlich erhob sich sein übergewichtiger Körper langsam, griff nach dem Messer und begann wortlos, die Torte anzuschneiden. Eine Himbeere kullerte herunter und landete auf dem Tischtuch, er schien es nicht zu bemerken.

«Holger will auspacken!», rief sein Sohn unterdessen und wedelte aufgeregt mit beiden Händen. Als Erstes nahm er mein Geschenk. Lange begutachtete er es von allen Seiten, roch an dem kleinen, in rotes Geschenkpapier eingeschlagenen Päckchen, blickte verschwörerisch zu mir, dann hielt er es vorsichtig ans Ohr und lauschte konzentriert. Ich kannte Holgers etwas ungewöhnliche Art, sich mit Dingen anzufreunden, und wartete geduldig ab.

«Lass den Quatsch», herrschte sein Vater ihn schließlich an, «jetzt mach endlich auf, Holger!»

Während die Indianerin ihren Mann missbilligend ansah, bemühte sich Holger konzentriert, den Klebstreifen über einer Ecke des Geschenkpapiers zu lösen, dann den nächsten, und so wickelte er vorsichtig die kleine Schachtel aus und hob den Deckel.

«Ein Messer!» Er schnalzte vor Aufregung mehrmals mit der Zunge.

Eigentlich hatte ich ihm ein Schweizer Taschenmesser schenken wollen, aber das war zu teuer gewesen. So hatte ich mich schlussendlich für ein einfaches Klappmesser mit Holzschaft entschieden.

«Konni! Konni!» Holger klatschte in die Hände, verdrehte seine Augen verzückt nach oben und umarmte mich stürmisch. Die Indianerin lächelte liebevoll, sein Vater guckte streng.

«Zum Schnitzen», fügte ich erklärend hinzu.

Holgers Vater sah mich immer noch regungslos an, sein Blick schien durch mich hindurchzugehen.

«Das kann er doch nicht», stellte er schließlich trocken fest, mit unüberhörbarem Vorwurf in der Stimme, und schüttelte müde den Kopf. Holger sah seinen Vater erschrocken an.

«Ich dachte, ich … bring's ihm bei», entgegnete ich kleinlaut.

Aber der große, dicke Mann schüttelte nur weiter lethargisch den Kopf und murmelte immer wieder vor sich hin: «Das kann er nicht.»

Holger fing an zu weinen. Die Indianerin streichelte ihn, während sie vorwurfsvoll zu ihrem Mann sah, der ein großes Stück Sahnetorte in sich hineinschaufelte.

«Holger kann mehr, als du denkst, Klaus!», erwiderte sie.

Holgers Schultern zuckten bei jedem Schluchzer eigenartig nach oben. Japsend bekräftigte er die Worte seiner Mutter durch heftiges Kopfnicken.

Aber sein Vater reagierte nicht. Er starrte auf das Polaroid, das er vor sich an die Vase gelehnt hatte, und aß stumm weiter.

Ich war peinlich berührt. Dass mein Geschenk zu einem Familienstreit führen würde, hätte ich niemals geahnt. Wortlos verteilte Holgers Mutter Sahnetorte auf unsere Teller. Auch ihrem Mann tat sie ein neues Stück auf. Und während wir stumm im Schatten des Apfelbaums saßen und auf die prächtigen Tortenstücke starrten, hörte ich plötzlich eine vertraute Stimme hinter mir: «Wo ist er denn? Wo ist der Geburtstagsmann?»

Lautlos war Anja durch das Gartentor getreten und kam auf uns zu.

Holger sprang ungestüm auf, rempelte dabei gegen den Tisch, sodass der Kaffee in den Tassen überschwappte, und stürmte auf sie zu.

«Herzlichen Glückwunsch, lieber Holger!» Anja umarmte ihn, und Holgers Traurigkeit war augenblicklich wie weggeblasen.

«Du, Anja?»

«Ja?»

«Holger ist jetzt ein Erwachsener», klärte er sie auf. «Du musst jetzt Herr Holger sagen.»

Schon lachte er wieder in sich hinein. Seinen Eltern war Anja sichtlich nicht ganz geheuer, aber sie schienen froh, dass die Stimmung wieder ins Gute gekippt war. Und während die Indianerin einen zusätzlichen Teller aufdeckte, schielte Holger bereits nach Anjas Tüte: «Hast du ein Geschenk für Holger?»

«Holger!», wies ihn sein Vater zurecht. «So etwas fragt man nicht!»

Aber Anja ließ sich nicht beeindrucken und kramte auch schon in ihrer ausgeblichenen Supermarkttüte.

«Natürlich, Herr Holger», antwortete sie ernst und zog eine lange Kette aus Löwenzahnblüten heraus, die sie ihm um den Hals legte. Dann holte sie noch einen Kranz aus Gänseblümchenblüten hervor und setzte ihn vorsichtig auf seinen Kopf.

«So», begutachtete sie ihn abschließend mit kritischem Blick. «Das sieht sehr gut aus, Herr Holger. Genau das Richtige für einen Ehrentag.»

Die Indianerin sah ergriffen auf ihren plötzlich so fröhlichen Sohn. Holgers Vater hatte aufgehört zu essen. Er äugte etwas ratlos auf Anja; offenbar wusste er nicht, wie er dieses Geschenk deuten sollte.

Der Jubilar selbst blickte an sich herab und strahlte: «Holger ist der König», sagte er stolz, «heute ist Herr Holger der König.»

Die Indianerin tupfte sich vorsichtig die Augen trocken.

«Mach doch mal ein Foto, Klaus!», rief sie ihrem Mann zu.

Doch der war überfordert. Er zog ein Päckchen Zigaretten heraus, zündete sich eine an, drückte mir die Sofortbildkamera in die Hand und murmelte nur: «Ich muss mal kurz eine rauchen», bevor er sich hinter das Gartenhäuschen verzog.

Allerdings schien er sich später besonnen zu haben. Zumindest was seine Laune anging. Ich erinnere mich an ein Foto, das später bei ihnen im Wohnzimmer hing. Darauf sah man Holger mit dem Blumenkranz auf dem Kopf und neben ihm sein Vater, die Kette aus Löwenzahnblüten um den Hals. Auf diesem Foto lächelten sie beide, und selbst Holgers Vater sah fast ein bisschen stolz aus.

Wann immer jemand zu Besuch kam, zeigte Holger auf das Foto, grinste und flüsterte: «Schau mal. Zwei Könige!»

//

Wenn Holgers digitale Armbanduhr um neunzehn Uhr piepte, musste er nach Hause gehen. Eine Regel, die er stets brav befolgte, egal in welcher Situation wir gerade waren. Sobald die Uhr einen Ton von sich gab, fingerte er nervös an ihr herum, bis das lästige Piepen irgendwann verstummte, und hob die Hand zum Gruß.

«Holger muss nach Hause», sagte er dann, sich die Spucke aus den Mundwinkeln wischend, «mein Papa kommt von der Arbeit», und stolperte davon.

In letzter Zeit sehnte ich diesen Augenblick immer häufiger herbei. Schon Stunden vorher begann ich nach seiner Uhr zu schielen und konnte es oft kaum erwarten, bis endlich sein Heimwärtsruf ertönte. Ich wollte Anja für mich haben. Für mich allein.

Wenn Holger dann endlich weg war, setzten wir uns unweit ihres Lagers an den Eisbach und schauten den Mücken zu, die über der Wasseroberfläche tanzten. Anja holte ihren Tabaksbeutel hervor, drehte sich eine Zigarette und rauchte.

Meistens sagten wir kaum ein Wort, sondern saßen nur eng beieinander. Unsere Arme schienen sich wie beiläufig zu berühren. Mein Herz klopfte mir jedes Mal bis zum Hals. Gern hätte ich sie umarmt, am liebsten geküsst, aber erst wenn Anja sagte: «Mir ist kalt», traute ich mich, behutsam meinen Arm um sie zu legen. Manchmal lehnte sie dann ihren Kopf an meine Schulter, und ein warm-wohliges Gefühl schien wie Licht in meine Brust. Ich wagte es kaum, mich zu bewegen, selbst wenn mein Arm einzuschlafen drohte – aus Angst, der kostbare Augenblick könnte zu schnell vorübergehen.

Irgendwann flüsterte Anja mir dann ins Ohr: «Lass uns reingehen.»

Wobei «reingehen» lediglich bedeutete, dass wir durch das Brombeergebüsch in ihre Lagerstätte krochen, wo sie unter ihren geöffneten Schlafsack krabbelte und mich mit einer beiläufigen Geste aufforderte, mich neben sie zu legen.

«Erzählst du mir noch eine Geschichte?», bat Anja mich leise und kuschelte sich an mich. «Dann kann ich besser träumen.»

Sie sagte nie einschlafen, sie sagte träumen. Damals, in jenem Sommer, wenn Anja und ich in der Dämmerung nebeneinanderlagen, der Eisbach in unserem Rücken, stiegen die Geschichten von ganz alleine in mir auf. Ich erzählte vom einäugigen Riesen, von düsteren Trollen, die unterm Hügel wohnen. Von den Zwergen, die einmal im Jahr, an Samhain, aus der Unterwelt heraufsteigen, um ein Menschenkind zu rauben. Oder vom Wassermann, der in den Tiefen eines Sees über sein schummriges Reich wachte.

Als ich klein war, hatte mein Großvater mir jeden Abend ein Märchen erzählt. Er war ein schweigsamer Mann gewesen, und die einzigen Male, dass er mehr als ein paar Worte sprach, waren jene abendlichen Momente, wenn er Märchen erzählte. Zumindest in meiner Erinnerung.

Manche Geschichten kannte ich von meinem Großvater, andere hatte ich irgendwann gelesen. Ich begann immer, sie so zu erzählen, wie sie mir in Erinnerung waren, doch in der Regel entwickelte jede Geschichte irgendwann einen neuen Verlauf, vermischte sich hier und da mit einem anderen Märchen oder hatte ein Ende, dass ich selbst noch nicht kannte.

Am liebsten mochte ich die Geschichten vom russischen Märchenhelden Iwan Zarewitsch. Ich dachte mir stets neue Hürden, neue Abenteuer für ihn aus, die es zu bestehen galt, bis er am Schluss zu seiner Prinzessin, zu Wassilissa, der Wunderschönen, fand. Anja mochte besonders die Geschichten mit den Wasserwesen, den Nixen, dem Meeresgott oder dem Wassermann.

Eines Abends lagen wir nebeneinander und sahen in den Himmel. Es dämmerte bereits, und die Luft war erfüllt vom Zirpen der Heuschrecken.

«Erzählst du mir noch eine Geschichte?», fragte sie mich leise. «Eine Wassermanngeschichte?»

Ich dachte eine Weile nach.

«Vor langer, langer Zeit lebte in einem weit entfernten Land mitten im Wald ein alter Holzfäller mit seiner Tochter Wassilissa», begann ich schließlich.

«Die Mutter war bei ihrer Geburt gestorben, sie war ihr einziges Kind. Das Mädchen wuchs heran und wurde von Jahr zu Jahr schöner. Doch ihr Vater sorgte sich sehr, denn sie war taub. Und nicht nur das: Weil Wassilissa die Sprache ihrer Mitmenschen nicht hören konnte, waren auch die Worte, die sie selbst sprach, den Leuten unverständlich. Sie brachte nur eigenartige Laute aus ihrem Mund hervor. Einzig ihr Vater konnte sie verstehen.

‹Wie soll mein Kind jemals einen Mann finden, wenn doch niemand außer mir sie zu verstehen imstande ist?›, fragte er sich. ‹Und wer wird für mich im Alter sorgen, wenn sie keinen Mann findet?›

Während Wassilissa von Jahr zu Jahr schöner wurde, machte sich ihr Vater immer größere Sorgen, denn er war arm und fand keinen Ausweg aus seiner misslichen Lebenslage. Wassilissa aber hatte ein fröhliches Wesen, sie versuchte ihren Vater zu ermuntern, wann immer er ihr traurig schien, wenngleich sie den Grund für seine Sorgen nicht kannte.

Am Rande des Waldes, in dem die beiden lebten, floss ein großer, tiefer Fluss, der hoch in den Bergen entsprang. Er war berühmt für seine wilde Schönheit, seine reißende Strömung und sein kristallklares Wasser. Und es gab noch etwas, wofür dieser Fluss berühmt war oder eher berüchtigt: Es hieß, dass ein Wassermann in ihm wohnte. Der Sage nach lockte er hübsche Mädchen, die sich arglos dem Ufer näherten, mit dem Spiel seiner goldenen Harfe. Schon so manches Mädchen war dem Klang erlegen. Sein Spiel schien eine magische Kraft auf die Menschen auszuüben: Betört von der Musik, waren sie ins Wasser gegangen, waren hinabgetaucht in das Reich des Wassermanns und seitdem nie wieder gesehen. Die Leute erzählten, dass die Eltern dann eine kleine Schüssel voll Gold am Bett der verschwundenen Tochter vorfanden.

Als nun der Winter einmal besonders hart und lang gewesen und die Vorräte alle aufgebraucht waren, hatte der Alte keine Hoffnung mehr, seine Tochter ordentlich zu vermählen, und weinte bitterlich. An einem Morgen sprach er zu seiner Tochter, die ihm die Worte von den Lippen ablesen konnte: ‹Mein Kind, geh hinaus in die Welt, nimm ein Bad im kristallklaren Fluss, und du wirst dein Glück finden.›

Und er packte ihr ein kleines Bündel und schickte sie fort. Wassilissa folgte brav den Anweisungen ihres Vaters, wie sie es gewohnt war. Von seinem geheimen Vorhaben aber ahnte sie nichts. Sie ging los, und ob sie nun lange wanderte oder kurz, schließlich kam sie zum großen Fluss. Sie suchte sich eine Stelle, an der das Wasser zugänglich war und der Fluss große Gumpen gebildet hatte, um dort ein Bad im kühlen Wasser zu nehmen – ganz wie es der Vater ihr aufgetragen hatte.

Wie sie nun da steht, ihr Spiegelbild im Wasser betrachtet und beginnt, sich zu entkleiden, entdeckt sie der Wassermann, der aus den Untiefen des Flusses hinaufblickt. Er ist ganz bezaubert, denn solch ein schönes Mädchen hat er noch nie zuvor gesehen. Er holt seine goldene Harfe hervor und beginnt, darauf zu spielen, die lieblichsten Melodien. Er spielt in den feinsten Tönen, die verführerischsten Klänge – doch das Mädchen reagiert nicht. Der Wassermann kann es nicht glauben: Er schwimmt ein paar Meter höher, vielleicht schluckt ja heute das Tosen des Flusses sein liebliches Spiel. Er greift erneut in die Harfe, aber das Mädchen steht dort nackt, wie Gott es schuf, in seiner unfassbaren Schönheit und scheint ihn gar nicht zu hören.

Stattdessen taucht es seinen zarten Zeh in das Wasser, um zu prüfen, wie kalt es ist. Der Wassermann wird immer ungeduldiger, wieder schwimmt er ein gutes Stück höher – so hoch ist er sonst nie. Dicht unter der Wasseroberfläche beginnt er erneut sein wundersames Spiel. Die feinsten Töne entströmen seiner Harfe, sein Spiel verzehrt sich nach dem schönen Mädchen – er spielt die wundervollsten Klänge, wie sie kein Menschenohr je gehört. Doch anders als all die anderen Mädchen erreichen sie Wassilissa, die Wunderschöne, einfach nicht.

Ganz vorsichtig setzt sie nun einen Fuß vor den anderen, watet behutsam tiefer ins Wasser, und da sieht sie etwas funkeln, gleich unter der Wasseroberfläche. Es ist die goldene Harfe des Wassermannes. Sie aber meint, es sei ein großer Fisch, mit dem sie vielleicht ihren Vater glücklich machen könnte! Und so taucht sie nach dem Fisch hinein in das kalte Nass – und sieht auf einmal den Wassermann vor sich sitzen.

‹Wer bist denn du?›, fragt sie erstaunt.

Die Worte blubbern aus ihrem Mund, und der Wassermann ist jetzt selbst ganz überrascht: Das schönste aller Mädchen ist auch die erste, deren Sprache er verstehen kann.

‹Ich bin der Wassermann›, erklärt er ihr, ‹der König der Unterwasserwelt.›

Und weil er so glücklich ist, dass er zum ersten Mal eine Frau trifft, die er verstehen kann, gibt er ihr einen Kuss – Schmock! – direkt auf den Mund.

Von diesem Moment an kann Wassilissa unter Wasser atmen, und die Kälte des Flusses fühlt sich für sie an wie ein warmer Sommertag. Und als der Wassermann sie nun fragt, ob sie seine Frau werden will, da antwortet sie blubbernd: ‹Ja.› Und sie werden glücklich und sind es noch immer, denn seit diesem Tage ist nie wieder ein Mädchen in dem Fluss verschwunden.»

So schloss ich meine Erzählung.

Anja sah mich an. Sie überlegte und fragte schließlich: «Und was ist aus dem Vater geworden?»

«Der Vater?»

«Ja, der alte Holzfäller. Der sitzt doch jetzt allein im Wald. Hat niemanden, der für ihn sorgt, und wartet auf seine Schüssel voll Gold.»

Ich dachte kurz nach.

«Der Vater hat lange allein in seiner Hütte ausgeharrt und gewartet», fuhr ich fort. «Irgendwann war er so voller Kummer und Gram, dass er seine Siebensachen gepackt und sich zum Fluss aufgemacht hat. Da stand er nun und hat lange ins Wasser gestarrt. Er konnte sich nicht verzeihen, dass er seine Tochter umgebracht hatte. Nach drei Tagen ist er schließlich ins Wasser gegangen. Der Fluss reißt ihn mit, die mächtigen Strudel ziehen ihn in die Tiefe. Und wie er gerade am Ertrinken ist, da sieht er da unten plötzlich seine Tochter. Erst meint er, er sei schon tot und sähe sie im Jenseits, aber da winkt sie ihm zu, ruft seinen Namen, schwimmt zu ihm heran – und gibt ihm einen Kuss auf den Mund. Und von da an lebte er zusammen mit seiner Tochter und, endlich, seinem Schwiegersohn, dem Wassermann, in der Tiefe des Flusses. Und wenn sie nicht gestorben sind, dann schwimmen sie noch heute da unten herum.»

Wir schwiegen beide.

«Zufrieden?», fragte ich Anja nach einer Weile leise.

Sie sah leicht entrückt vor sich hin und nickte stumm. Als ich wenig später wieder zu ihr sah, war sie bereits eingeschlafen.

//

Die Zeit der Märchen ist vorbei, schießt es mir durch den Kopf, während ich über das kühle, feuchte Gras laufe. Früher, als Kind, habe ich Märchen geliebt. Als kleiner Junge, wenn mein Großvater mir abends welche erzählte. Wenn er im Halbdunkel an meinem Bett saß und meine Mutter irgendwann mahnte: «Es ist Zeit», winkte er nur müde ab und sprach weiter. Und erst wenn seine Geschichte ihr friedliches Ende gefunden hatte, erhob er sich langsam, murmelte in seinen weißen Rauschebart: «Schlaf gut, du Zwerg», und trat aus dem Zimmer.

Später hörte ich abends zum Einschlafen Märchenkassetten. Jahrelang habe ich jedes Märchenbuch verschlungen, das ich in die Finger bekommen konnte. Die Brüder Grimm, Wilhelm Hauff, russische Märchen und Tausendundeine Nacht, auch die mythischen Göttersagen der Römer und Griechen. Es gab sogar eine Zeit, da wollte ich Märchenerzähler werden.

Später, als ich älter wurde, verblassten die Geschichten zusehends, es war, als verließen sie mich, so wie Anja mich verließ, und ich blieb allein zurück.

//

Anjas Zeigefinger fuhr langsam den Rand meiner Ohrmuschel entlang.

«Die schönsten Ohren», sagte sie, «und Lippen, die man gut küssen kann. Mehr muss ein Mann nicht haben.»

Schön?, wunderte ich mich. Meine Ohren standen etwas ab. Nicht dumbomäßig, aber doch so, dass es auffiel, sobald meine Haare frisch geschnitten waren. Genau genommen stand mein linkes Ohr sogar etwas weiter ab als mein rechtes. Was war daran schön?

Ich lag im hohen Gras und sah in den Himmel. Neben mir Anja, auf ihren linken Ellbogen gestützt, ihr rechter Unterarm ruhte auf meiner Brust, während ihre Hand mein Ohr untersuchte. Sie musterte mich aufmerksam.

Etwas kitzelte und zwickte mich am Rücken. Irgendein kleines Insekt hatte sich unter mein T-Shirt verirrt und schien den Ausgang zwischen meinen Schulterblättern zu vermuten. Krampfhaft bemühte ich mich, es zu ignorieren, und wagte nicht, mich zu bewegen. Ich hatte Angst, Anjas Hand sonst zu vertreiben. Ihr Zeigefinger wanderte auf die Rückseite meines Ohres. Dann hielt sie plötzlich inne, leckte ihren Finger ab und guckte dabei konzentriert wie eine Köchin, die die Suppe abschmeckt.

«Salzig hinterm Ohr», erklärte sie, «so muss es sein.»

Sie beugte sich kurz zur Seite, pflückte eine Brombeere aus dem Gebüsch und zerdrückte sie vorsichtig zwischen den Fingerspitzen, sodass der lila-rote Saft hervorquoll. Mit ihrem Zeigefinger trug sie den Saft auf meine Lippen auf.

«Du wärst eine wunderschöne Frau, weißt du das?», lachte sie. Ich ließ alles bereitwillig über mich ergehen und grinste sie mit meinen lila Lippen an. Ich genoss diese Behandlung, so wie ich all ihre Berührungen genoss.

Als sie fertig war mit dem Lippenschminken, sah sie mich an. Ihre hellbraunen Augen mit den langen Wimpern kamen langsam, wie in Zeitlupe, auf mich zu. Dann schloss sie die Lider, schließlich verschwamm ihr Bild vor mir, und ich schloss gleichfalls die Augen. Ihre warmen, weichen Lippen sanken auf meine herab, sie küsste mich, sog meine Unterlippe zärtlich in ihren Mund.

«Und du schmeckst gut», hauchte sie, «ich will dich fressen.» Ihr Atem kitzelte, ich musste lachen.

«Holger will ins Schwimmbad», brummte es plötzlich hinter uns. Ein paar Meter weiter lag Holger im Gras, ich hatte ihn ganz vergessen.

«Herr Holger will ins Schwimmbad», rief Anja, erhob sich schlagartig und sprang zu meinem großen Bedauern auch schon zu ihm hin.

«Darf ich bitten?» Schwungvoll zog sie Holger nach oben und nahm ihn in den Arm. Holger stutzte, dann fing er an zu kichern.

«Ja, tanzen», rief er glucksend, «Anja tanzt mit Holger!»

«Klar tanz ich mit dir. Ich tanz mit dir ins Schwimmbad!» Sie wirbelte ihn herum, und dann tanzten sie in einem eigenartigen Promenadenschritt Wange an Wange den Damm entlang. Es sah aus, als sei Anja der Mann und Holger die Frau. Holger drehte sich in ihrem Arm, geradezu leichtfüßig, von den X-Beinen war nichts mehr zu ahnen.

«Hol unsere Sachen, Konni», rief Anja mir zu, und Holger schrie hinterher: «Genau, Konni!»

An der Schwimmbadkasse starrte Frau Kaltenbach mich lange an, schaute von mir zu Holger, dann zu Anja und schließlich wieder zu mir. Ich bezahlte Anjas Eintrittskarte und wunderte mich. Was hat sie nur?, wollte ich Anja schon fragen, aber Anja kam mir zuvor: «Dein Lippenstift ist verschmiert!»

Anja und Holger lachten, während ich mir etwas verschämt über meine lila Lippen leckte. Nachdem wir uns abgekühlt hatten – zumindest Anja und ich, Holger hatte nur seine Füße ins kalte Wasser gehalten –, bekamen wir Hunger.

Geld hatten wir keins mehr, deshalb machten wir uns ans Flaschensammeln. Holger spielte den Behinderten, sammelte ein und reichte mir die leeren Pfandflaschen weiter. Nicht, dass er sich zu gut dafür gewesen wäre, sie selber zu tragen. Aber er hatte hin und wieder eine fallen lassen und hatte seitdem Angst vor den Scherben. Die braunen Limo- und Bierflaschen in meinen Armen, das Glas von der Sonne erhitzt, fühlten sich an meiner nackten Brust an wie Wärmflaschen. Als schließlich auch Anja beide Arme voller Flaschen hatte, machten wir uns auf den Weg zum Kiosk, um das Pfand einzulösen.

«Wenn du jetzt noch singst, haben wir richtig viel zusammen», meinte Anja zu mir, als wir schon in der Schlange vor dem Kiosk anstanden.

«Der Konni soll singen!» Holger drehte sich zu mir um, seine Augen leuchteten, und ich konnte sehen, wie die in Aussicht stehenden Dolomitis seinen Speichelfluss schon so anregten, dass er kräftig schlucken musste. Mir blieb nichts anderes übrig.

Rudi, Harry und ihre Rentnergang saßen wie immer in der prallen Sonne am letzten Bistrotisch. Und wie immer hatten sie den schattenspendenden Sonnenschirm zusammengeklappt. Sie schienen einen vermutlich unausgesprochenen Wettbewerb am Laufen zu haben: wer am Ende des Sommers wohl am braunsten wäre.

Sie waren allerdings mehr als braun, sie waren schon fast schwarz. Ihre dunkle, alte Haut warf kleine Falten und erinnerte mich an die Elefanten, die man im Zirkus Krone in der Pause aus der Nähe betrachten konnte.

«Servus, Rudi, was wollt's ihr hören? Der Konni hat die ganze Top Ten drauf!», moderierte Holger in gewohnter Manier meinen Auftritt an. Anja setzte sich auf einen der Stühle am leeren Nachbartisch und sah uns zu. Rudi trug seine schwarze Sonnenbrille, wie immer, wenn es beim Schafkopfen nicht so lief. Was ich irgendwann daran erkannt hatte, dass die zu kleinen Stapeln getürmten Münzen dann nicht vor ihm standen, sondern vor einem der anderen Alten.

Rudi nahm die Brille ab, fuhr sich nervös mit der Hand über die schwitzende Glatze und erklärte den Anwesenden, dass sie sich ein Lied wünschen dürften – ich sei quasi seine Jukebox. Er spulte seine Ankündigung ungewöhnlich schnell herunter, die braun gebrannten Rentner blickten von ihren Karten auf und starrten mich verständnislos an. Und noch bevor jemand einen Wunsch hätte äußern können, wies mich Rudi an: «Mach die Spiders. Und dann des mit dem Bruttosozialprodukt.»

Und schon setzte er seine Sonnenbrille wieder auf und vertiefte sich in sein Blatt. Ich sang also «Schickeria» von Spider Murphy Gang und anschließend «Bruttosozialprodukt» von Geier Sturzflug. Holger klatschte am Ende laut, die Alten fielen müde ein, und Rudi wirkte zufrieden: Ein Teil der Münzstapel hatte sich wieder zu seinen Gunsten verschoben. Wir räumten das Leergut vom Tisch und zogen weiter.

Am Kiosk tauschten wir die Flaschen gegen Geld und

holten uns ein Stück von Oma Kaltenbachs Apfelstrudel, ein Paar Wiener und zwei Dolomitis für Holger. Ich stopfte ihm seinen Polokragen mit Papierservietten aus, und Holger strahlte vor Glück, in jeder Hand ein Eis zu halten. Ein bisschen sah er dabei aus wie die Engelsfigur aus dem Erzgebirge, die meine Mutter in der Vorweihnachtszeit aufstellte. Nur dass der Engel in jeder Hand eine Kerze hält.

Später, als der dicke Franz den Teerweg heruntergerumpelt kam, machten wir uns auf den Nachhauseweg. Anja und ich begleiteten Holger bis zu seiner Haustür. Als er schon geklingelt hatte, drehte er sich noch einmal um und fragte: «Was macht ihr jetzt noch, Konni?»

«Ach», ich sah kurz zu Anja und zuckte mit den Schultern, «nichts.»

Er guckte mich an, sein Mund stand offen. Dann lächelte er plötzlich und sagte: «Das möchte Holger auch mal.»

//

Winzige grüne Lichtpunkte in der Dunkelheit.

«Die letzten Glühwürmchen.»

Anja zog an ihrer selbstgedrehten Zigarette. Diesen Sommer hatte es sehr viele Glühwürmchen gegeben, nun wurden es immer weniger. Sie blies den Rauch seitlich aus dem Mund, in die andere Richtung als die, in der ich saß. Ich mochte ihren Zigarettenrauch. Er roch nach Abenteuer, nach Sommer und nach Erwachsensein.

«Glühwürmchen leben nur von Luft und Liebe, wusstest du das?»

Ich schüttelte den Kopf.

«Warte mal.»

Sie drückte die Zigarette aus und griff ein paarmal in die Dunkelheit, dann hatte sie einen der grünen Leuchtpunkte in ihrer hohlen Faust und zeigte ihn mir. In ihrer Hand lag ein kleiner Käfer, sein Hinterleib leuchtete, die Beine ruderten kurz in der Luft, dann stellte er sich tot. Keine Bewegung mehr, nur noch das zarte Leuchten.

«Glühwürmchen leben drei Jahre als Larve und ernähren sich von Nacktschnecken. Wenn sie sich verpuppt haben und zum Käfer geworden sind, fressen sie nichts mehr. Sie fliegen ein, zwei Wochen leuchtend umher, um ein Weibchen zu finden. Und wenn sie sich gepaart haben, sterben sie.»

«Echt jetzt?»

Ihr Kopf nickte in der Dunkelheit. «Schnecken sind nicht so meins. Aber ansonsten doch ein feines Leben!»

Sie gab mir einen Kuss auf den Mund.

«Ich bin dein Glühwürmchen», flüsterte sie und lachte.

//

«Mir ist langweilig», sagte Anja, «ich will was unternehmen.»

Obwohl erst später Vormittag, war es bereits jetzt so heiß, dass mir eine kleine Abkühlung sehr recht gewesen wäre.

«Wollen wir schwimmen gehen?», fragte ich sie.

«Langweilig.»

Sie saß in kurzen Hosen auf einem Baumstumpf und

blickte auf ihre nackten Füße. Schöne Füße, dachte ich, wie eine Dame, die Zehen ganz wohlgeformt und zierlich.

«Hast du eigentlich kein Rad?», fragte sie mich.

Zu meinem vierzehnten Geburtstag hatte ich ein Fahrrad bekommen, nicht das abgelegte von meinem Bruder, wie bei meinen zwei Rädern zuvor, sondern mein erstes eigenes: ein weißes Herrenrad. Dass es weiß war, fand ich allerdings peinlich, weil das eine Mädchenfarbe war. Aber es war gerade im Angebot gewesen, verfügte über eine Fünfgangschaltung und richtige Bremsen statt Rücktritt, was mir wichtiger schien. Mein Vater hatte mich an meinem Geburtstag mit ernstem Blick darauf hingewiesen, dass das ein ungewöhnlich großes Geburtstagsgeschenk sei, dessen solle ich mir bewusst sein und es entsprechend pfleglich behandeln.

«Der Gepäckträger ist ein Ge-päck-trä-ger», hatte er ausdrücklich betont, «kein Sozius!» Ich sollte unter keinen Umständen Freunde darauf transportieren, sonst gehe er kaputt.

Bisher hatte ich mich daran gehalten. Seit ich auf meinem vorherigen Rad einmal Holger aufgeladen hatte und wir zusammen gestürzt waren, hatte der sowieso nicht mehr mitfahren wollen.

Aber jetzt war alles anders.

«Bin gleich wieder da!»

Ich rannte nach Hause und kam kurze Zeit später mit meinem blitzblanken weißen Fahrrad zurück. Aber anders als Holger setzte Anja sich nicht hinten auf den Gepäckträger, sondern schwang sich kurzerhand auf die Stange meines Rads. Nun saß sie plötzlich vor mir, ganz nah, ihr kurzes Haar vor meiner Nase. Ihre lange Strähne hing ihr lustig ins Gesicht.

«Los geht's!», befahl sie.

«Wohin?»

«In den Wald», sie drehte sich zu mir um und zwinkerte mir zu. Unsere Gesichter kamen einander so nah, dass mir ganz heiß wurde.

Wir fuhren die Straße hinunter, ließen die letzten Ausläufer des Englischen Gartens rechts neben uns liegen und kamen am riesigen Gelände des Bayerischen Rundfunks vorbei. Hinter der Schranke bogen wir in den Wald ein. Anja pfiff vor sich hin, eine Melodie, die ich nicht kannte, ihre Schultern leicht an meine Brust gelehnt. Ein kribbeliges Gefühl stieg in mir auf.

Sie hatte ein grünes Trägerhemd an, in dessen Ausschnitt ich den Ansatz ihrer Brüste erkennen konnte. Allerdings traute ich mich kaum hinzusehen. Anja trug nie einen BH. Anders als die Mädchen in meiner Klasse, von denen ein paar schon jetzt einen Büstenhalter trugen, obwohl da noch gar nichts war, was es zu halten galt.

«Alles okay?», fragte Anja mich.

Ich fühlte mich ertappt.

«Ja», antwortete ich schnell, «wo willst du denn hin? Zur BMX-Bahn?»

Wie selbstverständlich hatte ich den Weg eingeschlagen, der Richtung BMX-Bahn führte, die mein Bruder und seine Kumpels im Wald angelegt hatten.

«Wir haben doch kein BMX», meinte sie nur und deutete nach links.

«Da geht's in den Hinterwald», entgegnete ich.

«Ja, klar», sagte sie.

Etwas verunsichert bog ich in den kleinen holprigen Weg

ein. Fester, lehmiger Boden, immer wieder von Wurzeln durchzogen. Der Auenwald in diesem hinteren Teil hatte noch etwas Ursprüngliches, Wildes. Anders als im vorderen Bereich wurde hier nicht durchgeforstet. Wenn ein Baum umstürzte, blieb er liegen. Mächtige Eichen, Ahornbäume, dazwischen Birken und Robinien – alles wuchs naturbelassen durcheinander, und der Wald wurde zunehmend dichter. An vielen Bäumen rankten Waldreben hoch, deren verholzte Sprosse wie Lianen herunterhingen. Andere Stämme waren überwuchert von Efeutrieben, die alles noch urwaldhafter erscheinen ließen.

Normalerweise mieden wir dieses Gebiet. Im Hinterwald trieben sich zweifelhafte Gestalten herum, wohnte Gesindel, Landstreicher, hieß es. Man erzählte sich unheimliche Geschichten über sie. Einmal waren mein Bruder und ich einem völlig verwahrlosten Mann im Wald begegnet. In seiner Hand hatte er ein rostiges Messer gehalten und uns irgendetwas Unverständliches zugerufen. Keine Ahnung, ob er das Messer zum Pilzesammeln in der Hand hielt oder um Kinderleiber aufzuschlitzen. Auf jeden Fall hatte sein Kauderwelsch bedrohlich geklungen, und wir waren Hals über Kopf davongerannt.

«Hast du denn keine Angst vor den Pennern?», fragte ich vorsichtig.

«Bin doch selber einer.»

Die Selbstverständlichkeit, mit der sie das sagte, nahm mir ein wenig von meiner Unsicherheit. Ich trat also weiter in die Pedale, und Anja pfiff die nur ihr vertraute Melodie. Der Weg schlängelte sich durch das Dickicht, mitunter musste ich kleine Erhebungen nehmen, dann strampelte ich im ersten Gang die paar Meter hoch, kurz darauf ging es umso schneller bergab, und Anjas Strähne wehte im Wind. Manchmal streifte uns ein kleiner Ast, oder eine Waldrebenranke schlug uns ins Gesicht, und Anja lachte.

Der Weg wurde schmaler, führte ein paar Meter bergab, ich fuhr zügig auf die Senke zu, legte mich in die Kurve, da sah ich sie und bremste abrupt ab: Mitten auf einer Lichtung vor uns standen vier kleine Holzhäuser. Wobei Häuser übertrieben ist, es waren einfache, aus irgendwo übriggebliebenen Holzresten erbaute Hütten. Ungehobelte Bretter, an denen graue Zementspuren klebten, vielleicht von Baustellen geklaut, alte Paletten als Wände und ein paar sparrige, dünne Baumstämme, die als Eckpfeiler dienten. Alles war zweckmäßig, aber ohne große Sorgfalt zusammengezimmert. In der Mitte des Platzes stand eine Art Jägerstand oder vielmehr Reste eines ehemaligen Jägerstandes von irgendwoher, den man hier, notdürftig repariert, nochmals neu aufgerichtet hatte. Das Ganze war vielleicht vier, fünf Meter hoch, ein nicht gerade vertrauenswürdiger Ausguck. Aber ein Ausguck wozu?, fragte ich mich.

Anja sprang von der Stange herunter, ich blieb zögernd auf meinem Fahrrad sitzen.

Keine Menschenseele weit und breit zu sehen. Zwischen den Hütten eine Feuerstelle mit einigen verkohlten Holzscheiten, auf denen ein rußiger Topf stand, darin halb eingetrocknete Speisereste. Am Boden lagen ein paar leere Weinflaschen herum. Nervös blickte ich um mich, während Anja bereits auf eine der Hütten zuging.

Am liebsten wäre ich sofort davongeradelt. Ich hielt mich an meinem Lenker fest.

«Sollen wir nicht lieber abhauen?»

«Stell das Rad hinter den Baum», wies sie mich an und

deutete auf eine alte Eibe zu meiner Rechten, «ich will mich hier mal umgucken.»

Ich tat wie mir geheißen und folgte Anja, nicht ohne mich immer wieder in alle Richtungen umzusehen. Sie inspizierte in aller Ruhe die kleinen Hütten. Die Behausungen sahen räudig aus. Eine fleckige Matratze am Boden, alte Bierkisten, zu einem Tisch umfunktioniert, zerbeulte, ungespülte Töpfe standen herum. In der Ecke einige Obstkisten hochkant als Regalersatz, gefüllt mit Konservendosen und ein paar Tüten Toastbrot. Auch Hundefutterdosen standen da, wobei ich mich fragte, ob die hier Hunde hatten oder das Zeug selber aßen. In einer der Hütten hing an der Wand auf einem Stück Pappe ein riesiges, mit Kreide und Kohle gezeichnetes Bild: zwei große, drachenartige Wesen, die sich einen Kampf lieferten. Es wirkte wie eine überdimensionale Kinderzeichnung, ein bildgewordener kindlicher Alptraum. Gab es hier Kinder? Oder Erwachsene, die wie Kinder zeichneten? Ich wusste nicht, was ich unheimlicher fand. Am Boden vor der Hütte lag ein zerfleddertes Heft, nackte Frauenbrüste waren auf den offenen Seiten zu sehen. Daneben lagen ein paar Knochen am Boden. Mir war unwohl. Anja sah sich alles interessiert an und deutete schließlich zum Jägerstand. Sie hatte noch nicht genug gesehen.

Ich hatte es aufgegeben, sie von irgendetwas, das sie sich in den Kopf gesetzt hatte, abbringen zu wollen. Stattdessen wollte ich es möglichst schnell hinter mich bringen. Nachdem Anja die Stabilität der aus Ästen zusammengenagelten Leiter fachmännisch geprüft hatte, kletterte sie los. Zögernd folgte ich ihr. Oben angekommen, strich sie mir beiläufig über den Arm. Ich glaube, sie wollte mir Mut machen, oder es war ihre Art, danke zu sagen, oder beides. Wir setzten uns nebeneinander auf die kleine Bank und blickten in die Baumwipfel.

Wenn man von hier oben auf den Wald sah, hatte es durchaus etwas Romantisches. Aber mein Blick wanderte immer wieder zu dieser eigenartigen Siedlung unter uns, die mir Unbehagen bereitete. Auf dem Dach einer der Hütten sah ich eigenartige Zeichen, aufgetragen mit brauner Farbe, oder war es eingetrocknetes Blut?

«Was willst du hier eigentlich?», fragte ich sie.

«Mal gucken», antwortete sie schulterzuckend, «wollte mir mal selbst ein Bild machen. Im Heim hat einer erzählt, dass hier ein paar Leute wohnen. Das wollte ich mir ansehen. Ich kann ja schließlich nicht ewig in eurem Lager bleiben. Das würde nicht gutgehen.»

Diesen Gedanken hatte ich bisher immer verdrängt. Doch die Vorstellung, dass das hier Anjas neues Zuhause sein könnte, war mir schauderhaft. Aber auch für sie hatte sich diese Option wohl erledigt, so vermutete ich. Gerade, als ich noch mal vorschlagen wollte, endlich zu gehen, flog ein Eichelhäher vor uns auf. Sein laut rätschender Warnruf durchschnitt die Stille.

Dann sahen wir sie.

Nur noch hundert Meter von uns entfernt, schälten sich drei Gestalten aus dem Unterholz. Düster sahen sie aus, mit wildem Haar und zotteligen Bärten, und obwohl Sommer war, hatten sie schwere Jacken an, dem letzten hing sein Parka schon in Fetzen herunter. Die ersten zwei trugen auf ihren Schultern einen Stock, an dem kopfüber ein Reh hing, die schmalen Läufe ans Holz gefesselt. Sie kamen auf uns zu. Reflexartig wollte ich aufstehen, doch Anja griff nach meinem Arm und zog mich gerade noch rechtzeitig zurück.

Wären wir runtergeklettert, dann wären wir den drei verwegenen Kerlen geradezu in die Arme gelaufen. Anja hielt sich hinter die Brüstung geduckt und spähte konzentriert durch ein Astloch. Ich versuchte, durch einen Spalt zwischen den Brettern etwas zu erkennen. Mein Herz pochte bis zum Hals. Ich meinte das Reh noch leicht zucken zu sehen, seine Hinterbeine waren blutverkrustet, aus dem einem stand etwas Helles hervor. Der letzte der Männer, dick und mit schwarzem Vollbart, trug eine große eiserne Schlagfalle mit sich, deren rostige Zähne dem Reh offenbar die Hinterläufe zerschmettert hatten.

Direkt unterhalb unseres Jägerstandes luden sie ihre Beute schließlich ab. Mir stockte der Atem. Der Dicke löste schnaufend die Fesseln des Rehs, woraufhin etwas Bewegung in das Tier kam. Es machte einen verzweifelten Ansatz, sich aufzurichten, und kippte kraftlos zur Seite. Dabei gab es ein röchelndes Geräusch von sich. Einer der beiden Träger, ein kleiner Typ mit langen, verfilzten Haaren, näherte sich nun mit einer leeren Büchse in der Hand. Das Messer nahm ich zunächst gar nicht wahr. Ich sah nur eine kurze, bogenartige Bewegung unterhalb der Kehle des Tieres, und dann ergoss sich schon das Blut in einem leuchtend roten Strahl aus dem Hals. Gekonnt fing er es mit der Dose auf. Jetzt war ein eigenartiges Geräusch zu vernehmen, wie beim Zahnarzt, wenn die Gehilfin mit dem kleinen Gerät die Spucke absaugt.

Der Kleine fluchte, anscheinend war Blut in die Luftröhre des Tieres geraten. Am liebsten hätte ich laut aufgeschrien, aber Anja hielt meinen Arm ganz fest, ihre Fingernägel gruben sich in mein Fleisch. Sie sah mich an: Der warnende Ausdruck in ihren Augen, der vor ihren Mund gepresste Zeigefinger ließen jeden Laut in mir verstummen.

Unter uns hörte ich Gemurmel, dann lachte jemand kurz heiser auf.

«Weil die rote Arbeit doch dein liebstes Kind ist!»

Wir waren gefangen in unserem Ausguck. Jetzt starrten wir durch zentimeterbreite Spalten zwischen den Bodenplanken. Während der Kleine grinste, reichte der zweite Träger, ein hagerer Typ, dessen Augenbrauen zu einem dunklen Strich zusammengewachsen waren, dem Dicken einen großen Knüppel. Ich schloss die Augen.

Ein dumpfes Geräusch, ein weiteres, dann eines wie ein reifer Apfel, der zerbarst. Ich spürte Anjas Finger um meinen Arm, fest wie eine Schraubzwinge. Als ich die Augen wieder öffnete, hatte der Kleine die Hinterläufe des Tieres oberhalb der Hufe längs aufgeschlitzt und zog gerade eine dicke Schnur zwischen den Knochen hindurch. Seine beiden Helfer hatten unterdessen ein Seil über eine Leitersprosse unseres Ausgucks geworfen, und nun zog man den Kadaver an den Hinterläufen daran hoch.

Der Kleine, der die ganze Zeit die Anweisungen gab, setzte das Messer zwischen den Hinterbeinen an, schnitt kreisförmig den After heraus, dann öffnete er mit einem langen Schnitt die Bauchdecke, und die Gedärme fielen ihm entgegen. Er zog an den Eingeweiden. Hin und wieder hörte man ein dumpfes Klopfen, wenn der baumelnde Schädel des Tieres gegen die Wange der Leiter schlug.

«Obacht!», mahnte der Dicke. «Schau, dass du den Pansen net beschädigst, sonst hamma die grüne Soß überall.»

Ich wandte den Kopf zur Seite. Es waren nur ein paar

Meter Abstand, der süße Geruch von Blut und frischen Innereien stieg mir in die Nase. So etwas Ekelhaftes hatte ich noch nie gerochen. Mir wurde übel.

«Muss mal pissen», hörte ich den Dicken sagen, und dann geschah, was geschehen musste. Aus unserem Einstieg sah ich, wie er auf die Eibe zuging. Hinter der mein Fahrrad stand. Im Gehen öffnete er seinen Hosenstall. Mein Herz schlug so laut, dass ich glaubte, sie müssten es unten hören. Das Rad war mir längst egal, nur: Wo ein Pferd, da auch ein Reiter, und diesen Gedanken schien der Dicke ebenfalls zu haben, als er kurz darauf, mein weißes Fahrrad vor sich her schiebend, hinter der Eibe hervortrat.

«Schaut's mal, Leute», rief er, «was ich gefunden hab! Wie ist das Radl denn hierherkommen?»

Der Kleine riss immer noch an den Innereien herum, zerrte gerade ein Stück schwabbeliges Gedärm heraus, schnitt es ab und warf es auf den Waldboden.

«Hat sich wohl jemand beim Schwammerlsuchen verirrt», sagte der Kleine und lachte kurz auf, aber lustig fanden das weder seine Kumpane noch er selbst, im Gegenteil. Er erhob sich, das blutige Messer in seiner Rechten, und trat auf eine Hütte zu.

«Das hamma gleich. Diebe können mir hier nicht brauchen.»

Eine gefühlte Ewigkeit kontrollierte er eine Hütte nach der anderen, während seine Kumpels am Fuß der Leiter standen und abwartend in seine Richtung blickten. Ich hörte den Dicken schnaufen, den Knüppel immer noch in seiner Faust. Anja hielt meine Hand, geduckt kauerten wir am Boden unseres Gefängnisses. Ihr Blick beruhigte mich etwas.

Endlich hörte ich den Kleinen aus der letzten Hütte treten. Langsam kam er wieder Richtung Hochstand, deutete nach oben und pfiff durch die Zähne. Jetzt drehten auch die beiden anderen den Kopf zu uns hoch, ich konnte den schweren Atem des Dicken hören.

«Magst von allein runterkommen, oder soll ich dir helfen, Bürscherl?», fragte er mit einem bösen Lachen.

«Danke, ich komm alleine klar», antwortete Anja mit unerwartet fester Stimme.

Mir gefror das Blut in den Adern, während sie recht sicher schien. Sie drückte noch mal kurz meine Hand, wie zum Abschied, dann erhob sie sich schwungvoll und stieg langsam die wacklige Leiter hinab.

«Ja, da schau her, eine junge Dame», hörte ich den Dicken schnaufen.

Und der mit den Augenbrauen, der die ganze Zeit kaum einen Ton von sich gegeben hatte, meinte: «Fesch schaut die aus. Schaut mal, die hat schon kleine Duttln!»

«Hast noch nie eine Frau gesehen, oder was?» Anja klang locker, als sei es ein Gespräch unter Achtklässlern auf dem Schulhof.

Ihre lässige Art, mit der Situation umzugehen, machte mir Mut. Auf einmal legte sich meine Aufregung. Vielleicht ist es ja auch so: Wenn die Angst größer ist, als man es je zuvor erlebt hat, wird man plötzlich ruhig. Weil ja sowieso alles ausweglos ist.

Ich sah mich im Halbdunkel meines Verstecks um. Eine Waffe bräuchte ich, irgendetwas, womit man sich wehren kann, schoss es mir durch den Kopf. Ich war kein Schläger. Nie gewesen. Wie man einen gekonnten Haken schlug – keine Ahnung. Jeden Streit, der physisch zu werden drohte, hatte ich sofort irgendwie beendet, allen brenzligen Situationen war ich aus dem Weg gegangen. Bisher hatte das gut geklappt. Aber das hier war eine ganz andere Angelegenheit. Keine Schulhofprügelei. Fieberhaft überlegte ich, was ich tun könnte.

«Na, Spatzl, und was suchst hier bei uns im Wald?», hörte ich den Dicken fragen.

«Hab mich verfahren», antwortete Anja ganz unschuldig. «Und ich dachte, da oben kann ich mir n Überblick verschaffen.»

Ich fuhr mit der flachen Hand über die kleine Sitzbank in meinem Adlerhorst. An der hintersten Latte stand der letzte Nagel heraus. Ich kramte meinen Haustürschlüssel hervor und begann, den Nagel ganz vorsichtig mit dem Schlüssel hochzuhebeln.

«Was machen wir denn jetzt mit dir?», fragte der Kleine. Seine Hände waren blutverschmiert, das Messer hielt er immer noch in der Rechten.

Ratloses Schulterzucken bei den Kollegen.

Der kleine Nagelkopf bot kaum Angriffsfläche, immer wieder rutschte ich mit dem Schlüssel ab, beim dritten Versuch drang mir der scharfe, verbogene Nagelkopf ins Fleisch.

«Wenn die uns verpfeift, haben wir die Bullerei hier.»

Ich spürte etwas Blut meinen Finger herunterrinnen und saugte es ab. Von Schmerz keine Spur. Immer wieder setzte ich an, bis der Nagel endlich etwas nachgab. Ich riss mit aller Kraft daran. Das rostige Teil kam einen entscheidenden Zentimeter heraus. Ich hatte die rechte Seite der Latte gelöst.

«Ich will eigentlich nur wissen, wie ich nach Hause

komme», sagte Anja. Jetzt war da doch ein neuer Ton in ihrer Stimme: Ich hörte deutlich, wie sie sich verzweifelt um Normalität bemühte. Wie lange konnte sie die Fassade noch aufrechterhalten?

Sachte hob ich das schmale Stück Holz an, der rostige Nagel steckte noch darin. Vorsichtig kippte ich es auf und ab, bis sich irgendwann, langsam und lautlos, auch die andere Seite gelöst hatte.

«Wo wohnst du denn?», fragte der Dicke.

«Ich bin aus dem Heim.»

Ein Moment der Stille. Und in diesem Moment dachte ich, alles wird gut.

Ich dachte, sie würden Mitleid haben, Mitleid mit dem Waisenkind, das kein richtiges Zuhause hat. Vielleicht teilte der ein oder andere sogar ihr Schicksal.

Dann hörte ich den Kleinen kichern.

«Da wird dich wohl niemand vermissen», sagte er feixend.

«Burschen, heut ist ein Festtag! Das müssen wir feiern!» rief er unvermittelt und lief zu seiner Hütte. Der Dicke grunzte zustimmend, zog ein Päckchen Tabak aus seinem verranzten Parka und fing an, sich eine zu drehen. Augenbraue, der die ganze Zeit geschwiegen hatte, meinte nur:

«Weiß nicht. Ich will erst mal was essen.»

Und damit wandte er sich der Feuerstelle zu.

Erst dachte ich, Anja würde jetzt wegrennen, aber sie blieb wie angewurzelt stehen. Ich hielt das Holzstück in meinen feuchten Händen und drückte den Nagel am oberen Ende mit Hilfe meines Schlüssels komplett ins Nagelloch zurück, sodass er, krumm und rostig wie er war, auf der anderen Seite wieder in voller Gänze hervorstand.

Ich begutachtete meine Schlagwaffe, befühlte den krummen Nagel und versuchte, durch die Bretterspalten hindurch die Lage zu überblicken: Der Kleine war in der mittleren Hütte verschwunden, Augenbraue hantierte an der Feuerstelle, während der Fettwanst gerade sein Zigarettenpapier ableckte. Mein Fahrrad hatte der Dicke neben dem Rehkadaver am vorderen Pfosten des Jägerstands abgestellt. Ganz nah.

Ohne weiter zu überlegen, stürmte ich die Leiter hinunter, zwei Sprossen gleichzeitig nehmend, meinen Schlagstock in der Rechten. Ich rutschte halb über den baumelnden Rehkadaver und hätte mich fast auf die Fresse gelegt. Der Dicke sah mich ganz erstaunt an und stolperte mit einem erschrockenen «He!» auf mich zu. Ich versetzte ihm einen Fußtritt in den Magen, der ihn nach Luft schnappen ließ und der für einen winzigen Moment mich selbst überraschte. Dann griff ich nach dem Rad und rannte los.

«Anja», rief ich, aber sie war schon hinter mir, wie tausendmal geprobt. Wir sprinteten die kleine Anhöhe hinauf, meine blutige Hand umschloss Holzstück und Lenkergriff, noch im Laufschritt sprang ich auf den Sattel, dann schwang sich Anja mit einem Satz auf den Gepäckträger. Hinter uns hörte ich den Kleinen schreien: «Seid's ihr wahnsinnig? Hans! Was soll der Scheiß?»

Wie ein Verrückter trat ich in die Pedale, verriss um ein Haar den Lenker, schaltete hektisch zwei Gänge hoch, die Kette rasselte über das Ritzel, zu spät hielt ich mit dem Treten inne. Wenn jetzt die Kette rausspringt, sind wir verloren, dachte ich.

«Euch Schweine kriegen wir!», hörte ich sie hinter uns rufen.

Ich trat in die Vollen, Anjas Arme klammerten sich um meine Hüften, die Kette griff . Und plötzlich spürte ich eine unglaubliche Kraft. Ich war nicht mehr zu stoppen.

Wie ein Wahnsinniger raste ich den Waldpfad entlang und war plötzlich sicher, dass niemand auf der Welt mich mehr einholen konnte. Iwan Zarewitsch galoppierte auf seinem Schimmel mit der aus den Fängen der Baba Jaga geraubten Wassilissa, der Wunderschönen, durch den finsteren Wald.

Erst Kilometer später, als wir den Waldrand schon sehen konnten, wurde ich wieder langsamer. Hinter der Schranke bog ich auf die Straße, und an der nächsten Kreuzung hielt ich völlig außer Atem an.

Anjas Arme schlangen sich immer noch fest um meine Taille. Sie umklammerte mich, und ich fühlte, wie sie ihre Stirn an meinen Rücken lehnte.

«Scheiße», sagte sie leise.

Nervös blickte ich um mich, langte mit meiner zitternden linken Hand hinter mich und streichelte behutsam ihre Schulter. Sie griff nach meiner Hand und hielt sie ganz fest.

Autos fuhren an uns vorbei.

Eine ganze Weile standen wir da, in dieser eigenartigen Haltung. Ich war unfähig abzusteigen.

Irgendwann, nach einer Ewigkeit, radelte ich los, geradeaus weiter, am Maisfeld entlang und schließlich am Schwimmbadeingang vorbei. Wir sagten beide kein Wort. Ich fuhr auf die andere Straßenseite, Richtung Park, an Holgers Haus vorbei hinunter bis zur großen Wiese.

Die ganze Zeit über hielt ich meine Waffe auf dem Lenker fest umklammert. Selbst als wir bei Anjas Lager ankamen, hatte ich sie immer noch in meiner Hand. Wir stiegen beide vom Rad.

«Was hast du denn da?», fragte Anja.

«Hier», noch ganz außer Atem präsentierte ich ihr nicht ohne Stolz meine Waffe.

«Hab ich mir oben im Jägerstand ausgebaut. Fast hätte ich dem Typen damit eins übergezogen!»

Ihre Miene verdüsterte sich.

«Das darf man nicht.»

Erst hielt ich es für einen Scherz. Gerade waren wir aus den Fängen der übelsten Kerle geflohen, die ich je in meinem Leben gesehen hatte, die bestimmt weiß Gott was auf dem Kerbholz hatten.

«Was meinst du?»

«Das darf man nicht!», schrie sie mich an.

Hatte ich mich eben noch wie ein junger Krieger gefühlt, strotzend vor Adrenalin, gelang mir jetzt kaum ein unsicheres Lächeln.

«Aber», setzte ich an, um mich zu verteidigen, doch weiter kam ich nicht. Ein lauter Knall, und meine Wange brannte. Erschrocken fasste ich hin und hielt meine Backe.

«Hau ab!», schrie Anja.

Ich starrte sie ungläubig an.

«Bist du schwerhörig? Hau endlich ab!»

Zögernd, fast wie in Zeitlupe, setzte ich mich in Bewegung. Ich griff nach meinem Fahrrad, das jetzt mehr braun als weiß war, und schob es langsam davon. Ich fühlte mich wie ein geprügelter Hund, gedemütigt, und gleichzeitig versuchte mein Verstand zu erfassen, was da überhaupt gerade geschehen war. Und obwohl ich selbst wütend war, wütend auf Anja, hoffte ich noch, sie würde mich zurückrufen, würde sich entschuldigen, mir alles erklären, mir sagen, dass es nur die große Angst war, die da gerade von ihr abgefallen war. Und die versehentlich mich, ihren Retter, als Blitzableiter gebraucht hatte. Aber nichts. Es kam kein Wort, kein Ruf, der mich aufhalten sollte.

Ich sah mich um, aber Anja war bereits verschwunden.

//

«Sag mal, sprech ich Chinesisch?»

Wütend starrte mich mein Vater an. Mein Fahrrad stand dreckbespritzt und mit eingedrücktem Gepäckträger vor uns, das hintere Schutzblech verbogen, zwei Katzenaugen fehlten.

Ich zuckte müde mit den Schultern. Was sollte ich auch sagen?

Es klatschte laut, und meine linke Wange brannte. Das zweite Mal.

Da löste sich plötzlich alles in mir, ich fing an zu heulen, schluchzte laut auf, die Tränen schossen mir aus den Augen. Mein Vater war völlig perplex.

Das machte mich auch wütend, auf mich selbst, ich wollte nicht weinen vor ihm, wollte mich nicht entblößen, stattdessen japste ich nun nach Luft.

«Hau mir doch noch n paar rein!», schrie ich ihn an und hielt ihm meine rechte Wange hin, «ich kann noch was brauchen!»

Mein Vater sah mich mit stechendem Blick an. Für einen

Moment dachte ich, er würde mich totschlagen. Dann wandte er sich ab und verschwand.

//

«Du siehst beschissen aus», sagte Julian, «hast du die Sommergrippe?»

Er ging etwas auf Abstand.

Wie immer, wenn ich mich nicht gut fühlte, sah es mir jeder an. Eine Tatsache, die mich schon immer nervte.

«Ich hab's am Magen», wehrte ich ab.

Das war ein Satz, den meine Mutter ständig sagte. Keine Ahnung, was genau man dauernd am Magen haben konnte, aber mit dieser Antwort gab sich jeder zufrieden. So auch Julian.

Etwas später, als wir am Kiosk anstanden, wollte er mir sogar großzügig eins seiner Wiener Würstchen abgeben, aber dann fiel ihm ärgerlicherweise wieder ein, dass ich es ja am Magen hatte, und er stopfte die Wurst, seinen Fauxpas entschuldigend, der hinterher, die er schon gegessen hatte.

Als wir an den Bistrotischen vorbeiliefen, winkte Rudi schon von weitem.

«Scheiße, musst du wieder singen?», fragte Julian. «Dann geh ich schon mal vor. Bin hinten am Nuttengrill. Da lagen gestern zwei Mädels mit großen Möpsen.»

Lässig spuckte er in hohem Bogen in den Eisbach und zog ab.

Rudi hielt seine Bierflasche hoch und prostete mir zu.

«Dein Mädel ist schon da, hab sie schon gesehen.»

Dazu zwinkerte er zweideutig, schnalzte mit der Zunge und stupste seinen Sitznachbarn mit dem Ellenbogen an. Die anderen Opas sahen neugierig von ihren Karten auf.

«Ja, des is der Konni», erklärte er mit seiner tiefen Bassstimme wie jedes Mal, «der is quasi mei Jukebox, hahaha...»

Ich hörte seine Stimme nur noch wie von weit her, mein Herz begann immer lauter zu schlagen. Was würde wohl passieren, wie sollte ich mich verhalten, wenn ich auf Anja treffen würde?

Rudis kräftiger Schlag auf meine Schulter holte mich zurück an den Bistrotisch.

Wie ferngesteuert sang ich, was man von mir verlangte, anschließend versenkte ich die leeren Bierflaschen in meiner Schwimmtasche und verabschiedete mich.

«Wo ist eigentlich dein andrer Spezi?», rief Rudi noch, «der mit der Brille?»

«Beim Doktor», antwortete ich knapp und ging.

Holger hatte mir tags zuvor erklärt, dass er heute diverse Untersuchungen über sich ergehen lassen müsse. Alle halbe Jahre hatte er seinen «Arzttag». Eventuell käme er noch nach, hatte er gemeint.

Julian war nirgends zu sehen, nur sein Liegeplatz. Den erkannte ich immer schnell an dem großen Badetuch mit der aufgedruckten Dollarnote, das ihm sein Vater von einer Geschäftsreise aus den USA mitgebracht hatte. Ich legte meins daneben und begann, mich auszuziehen. Als ich gerade mein Handtuch um die Hüften gewickelt hatte, um die Badehose anzuziehen, stand plötzlich Jasmin vor mir.

Sie trug einen roten Badeanzug mit Rüschen, genau wie Barbara Carrera als Bondgirl in «Sag niemals nie.»

«Kommst du zu meiner Geburtstagsparty?», fragte sie mich.

Wahrscheinlich guckte ich etwas verstört, denn sie setzte gleich hinterher:

«Nächsten Donnerstag. Wir machen eine Schlauchbootfahrt auf dem Eisbach.»

Ich nestelte bescheuert an meiner Badehose herum, die sich irgendwie verdreht hatte. Jasmin senkte ihre blauen Lidschattenlider, und selbst ihre Wimpern leuchteten bläulich im Sonnenlicht.

«Ich brauch dich als Steuermann», fügte sie keck hinzu und verabschiedete sich.

Ich wartete eine ganze Weile. Dann lief ich zur alten Mühle ganz hinten im Gelände, die dem Schwimmbad seinen Namen gegeben hatte. Das heißt, die eigentliche Mühle war schon lange nicht mehr da. Alles, was von ihr geblieben war, waren ein paar verfallene Fundamentreste.

«Hier hat sie mal gestanden, unsere Mühle. Als ich ein Mädchen war», hatte mir Frau Kaltenbach einmal erklärt und mit ihrem Stock auf die bemoosten Ziegelsteine gedeutet.

Den Eisbach daneben sperrte ein baufälliges kleines Wehr. Das dunkelgrüne Wasser stürzte dahinter zwei Meter in die Tiefe, und zugleich mündete der zementierte kleine Kanal mit dem Wasser, das durch das Schwimmbad gelaufen war, hier wieder zurück ins Bett des Bachs. Die beiden Ströme trafen aufeinander und vermischten sich zu einer tosenden weißen Gischt. Es war so laut, dass man sich nur mit kräftiger Stimme verständigen konnte, und die Luft um den Strudel herum hatte etwas Tropisches: Alles war erfüllt von winzigen, zerstäubten Wassertröpfchen, es roch nach Algen, und wenn man dort stand und eine kleine Weile zusah, war man nach kürzester Zeit klatschnass. Die Halbstarken drängelten sich auf der schmalen Eisenbrücke, um sich in die tosenden Fluten zu stürzen. Was streng verboten war. Nicht zuletzt weil am Fuße des Wehrs unter der Wasseroberfläche der grün bewachsene Sockel schimmerte, der gefährlich weit in den Bachlauf ragte. Dunkelgrüne Triebe des Wassersterns tanzten schlingernd darauf.

Oben am Wehr hing ein weißes Schild mit einem Totenkopf. «Achtung, Rutschgefahr! Lebensgefährlich!» stand darauf. Drei Meter hinter dem Strudel war ein dickes Stahlseil über den Bach gespannt, an dem ein weiteres Schild baumelte: «Lebensgefahr! Einspringen verboten!» Ich weiß nicht, ob diese beiden Warnungen jemals ernst gemeint gewesen waren. Jeder Halbstarke verstand sie als Aufforderung zu einer besonderen Mutprobe, und das war sie meiner Meinung nach auch.

Deshalb gab es kaum ein besseres und aufregenderes Vergnügen, als hier ins Wasser zu springen. Sobald man dann aus dem Strudel aufgetaucht war, musste man blitzschnell nach dem Stahlseil greifen, um sich daran zurück ans Ufer zu hangeln. Wer das Seil nicht erwischte, wurde sofort von der Strömung fortgerissen und fünfzig Meter weiter gegen ein mächtiges stählernes Fanggitter gedrückt, dass am Ende des Grundstücks in den Bachlauf gebaut war. Wer das Seil nicht erwischte, der hatte sich mächtig blamiert, und am Ende war er auch noch auf die Hilfe der anderen angewiesen – denn es war nicht ganz einfach, hier alleine wieder aus dem Wasser zu kommen.

Natürlich wussten die Erwachsenen, was sich hier tat. Sie ließen uns gewähren. Und es schien ein ungeschriebenes Gesetz, das sich hier hinten nie ein Bademeister blicken ließ. Offiziell gehörte dieser Teil des Bades schließlich gar nicht zum Schwimmbereich. Aber unter den Halbstarken war es die Königsklasse.

//

Julian war schon die letzten Male mutig von der Eisenbrücke gesprungen und hatte mich immer wieder aufgefordert, es ihm gleichzutun, so auch heute. Mein Bruder, der mit Erbse und ein paar anderen Sechzehnjährigen unerschrocken um die Wette sprang, ließ mich hingegen gnädig gewähren.

Ich hörte das Gekicher der Mädchen, die Spalier standen, sich manchmal kreischend die Hand vor den Mund hielten, und sah gelangweilt zu.

In respektvollem Abstand standen die Viert- und Fünftklässler, manche mit offenem Mund und leichtem Grusel im Gesicht, wenn mein Bruder mit einem gekonnten Hechtsprung in die tosende Gischt sprang, knapp neben dem tödlichen Betonsockel.

Ich starrte in das wirbelnde Wasser, das schäumende Weiß, umgeben vom undurchsichtigen Dunkelgrün. Irgendwo dort unten in der Tiefe hauste der Wassermann mit seiner goldenen Harfe, stellte ich mir vor. Ich träumte eine

Weile vor mich hin. Dann entschloss ich mich, wieder in Richtung Schwimmbecken zu gehen.

Vom Wasserfall, über den das Wasser des Eisbachs ins Becken strömte, sprangen ein paar Fünftklässler. Im Vergleich zum Wehr war das hier eine leichte Nummer, die selbst ich mich traute. Ich blickte über das bunte Gewimmel an Badegästen hinweg, und plötzlich sah ich sie: Im Nichtschwimmerbereich, durch das gelbe Gestänge vom tiefen Becken getrennt, dort, wo das Wasser gerade mal bis zum Bauchnabel reichte, stand Anja in ihrem altmodischen Badeanzug.

Vor ihr im Wasser lag bäuchlings ein Mann. Sie schien ihn zu halten, wie damals den Specht, und redete behutsam auf ihn ein. Erst beim Näherkommen erkannte ich, dass es Holger war, der dort schwamm wie ein weißes Brett. Der Körper ganz bleich, bekleidet nur mit einer weißen Feinripp-Unterhose. Sein Zuckerwattehaar feucht, ob vom Wasser oder vor Anstrengung, die Brille mit den dicken Gläsern vollkommen beschlagen auf der Nase.

Sehr konzentriert wirkten die beiden. Unbemerkt ging ich zum Becken und stieg hinter ihnen die paar Stufen hinab ins kalte Wasser.

«Ganz ruhig», beschwor Anja ihn, «ich halte dich.»

Holger machte ungelenke Bewegungen, ruderte mit den Armen. Er schluckte Wasser, hustete.

«Das Wasser trägt dich», sagte sie sanft, «siehst du?»

Ganz allmählich beruhigte er sich, und ich sah von der Seite seine großen weißen Zähne aufblitzen. Er schien zu lächeln, oder hatte ich mich getäuscht?

Eine dicke Oma stand im geblümten Badeanzug neben den beiden und schüttelte den Kopf.

«Eigentlich tragt man da herin Badehosen und net Unterwäsch!», schnauzte sie.

Ihr von der Sonne gerötetes welkes Fleisch wackelte bei jeder Bewegung wie die Götterspeise, die es bei uns am Wochenende manchmal zum Nachtisch gab.

Mit ihren großen Händen schaufelte sie sich dabei schnaufend Wasser in den Nacken und auf ihre riesigen Brüste.

«Das ist eine Behinderten-Badehose», erklärte ich mit fester Stimme, «die sehen anders aus.»

Der Wackelpudding drehte sich verdutzt zu mir um, sah dann zurück zu Holger, der sie freundlich anlächelte. Wassertropfen perlten von seinen beschlagenen Brillengläsern.

«Ach so», sagte die Oma kleinlaut, «des hab i net g'wusst.»

«Kein Problem», antwortete ich gnädig, und der Wackelpudding schwamm beruhigt davon.

Später liefen wir alle drei nass über die Wiese. Am Kiosk gaben wir die leeren Flaschen ab, kauften uns Wassereis, legten uns auf dem Hügel vor dem Nuttengrill ins Gras und schauten in den Himmel.

«Heute ist Holger geschwommen wie ein großer Fisch», sagte Holger und lachte.

Anja und ich lachten mit.

Über den vergangenen Tag redeten wir nicht. Und ich hatte das Gefühl, alles war wieder wie vorher. Einmal strich Anja mir über den Arm. Und diese kleine Berührung freute mich mehr als Geburtstag und Weihnachten zusammen.

Als ich später ihren linken Unterarm berührte, zog sie ihn zurück. Verunsichert sah ich auf und erkannte die frische Narbe an ihrem Donnerarm.

//

Gern hätte ich von Anja mehr über ihre Familie, über ihr ursprüngliches Zuhause erfahren. Oder über ihr Leben im Heim. Aber wann immer ich ihre Vergangenheit ansprach, war sie mehr als wortkarg.

Tags darauf, an unserer Stelle am Bach, fragte ich sie, woher sie all diese Dinge wisse – wie welcher Vogel, welcher Baum heißt, welche Pflanzen essbar sind.

«Hat mir mein Vater beigebracht», lautete ihre Antwort.

Ich nahm all meinen Mut zusammen.

«Woran … woran ist dein Vater eigentlich gestorben?»

«Meine Eltern? Ach, das ist eine lange Geschichte.» Sie atmete laut hörbar aus. «Meine Mutter ist tot, und mein Vater –», sie stockte kurz, «mein Vater eben auch.»

Wir schwiegen beide.

Gern hätte ich etwas Tröstendes gesagt, aber mir fehlten die richtigen Worte.

Anja hob einen flachen Kieselstein auf und ließ ihn übers Wasser flitschen. Viermal sprang er auf, bevor er im dunklen Grün versank.

«Irgendwann erzähl ich dir vielleicht mal davon. Aber … es gibt Dinge, über die spricht man am besten nicht.»

Sie kratzte sich an ihrem Donnerarm. Eine eigenartige Stille umgab uns, die mich hilflos machte.

«Sieht aus, als ob's noch Regen gibt», sagte sie schließlich, den Blick Richtung Himmel gewandt. Und tatsächlich: Dort oben braute sich etwas zusammen.

Anja drehte sich um und kroch in das Lager, etwas unschlüssig folgte ich ihr.

Die alte Plane, die sie bei Regen über ihre Lagerstätte spannte, war auf der einen Seite am Stamm des Ahorns befestigt.

«Kannst du mir mal helfen?», fragte sie.

Wir zogen ein dünnes Hanfseil vom Ahorn bis zur Eibe und warfen die Plane darüber. Am losen Ende der Plane wickelte Anja in jede Ecke einen schweren Stein, den sie anschließend mit reichlich Garn fixierte, und ich hielt meinen Finger auf den Knoten, bis sie den Faden zugezogen hatte.

«Meinst du, das hält?», fragte ich zweifelnd.

«Muss halten.» Sie zuckte mit den Schultern.

Einer Antwort gleich donnerte es in diesem Moment gewaltig. Dicke Regentropfen fielen herab. Erst wenige, dann wurden es schlagartig immer mehr. Sie trommelten auf die Plane. Das Geräusch erinnerte mich an unsere Campingurlaube an der Ostsee. Früher, als ich klein war.

Wenn es abends geregnet hatte und wir gemeinsam im schützenden Zelt lagen, hatte meine Mutter uns oft vorgelesen. Für mich gab es im Urlaub nichts Gemütlicheres als diese Momente – manchmal hatte ich den Regen sogar herbeigesehnt. Allerdings war unser Zelt groß und wasserdicht gewesen, und wenn es länger geregnet hatte, waren wir irgendwann, mit Schirmen bewaffnet, ins kleine Lokal am Zeltplatz gegangen und hatten uns in die trockene Stube gesetzt. Mein Vater fluchte dann über das Wetter, wir spielten Karten, tranken heiße Schokolade und aßen Pommes «Schranke».

Hier gab es keine trockene Stube, und die alte Baustellenplane, die Anja irgendwo aufgetrieben hatte, war kein schützendes Viermannzelt. Schon jetzt sammelte sich das Wasser in Lachen über unseren Köpfen und tropfte aus den Löchern in der Plane. Am Ahorn, wo die Plane etwas tiefer hing, schoss es plötzlich wie aus einem losen Fallrohr herunter.

Rasch rollte Anja ihren Schlafsack zu einem kleinen Bündel. Ich sammelte ihre wenigen Kleidungsstücke zusammen, und gemeinsam verstauten wir alles in ein paar Tüten unter der Eibe.

Inzwischen war es kühl geworden. Ein feuchtkalter Wind fegte durchs Lager und riss an der Plane. Dann eine plötzliche Böe, die Plane hob sich, und ein großer Schwall Wasser verfehlte Anja nur knapp. Nervös strich sie sich ihre lange Strähne aus dem Gesicht.

«Vielleicht können wir zu mir gehen», überlegte ich laut.

Es mochte inzwischen achtzehn Uhr sein. Mein Vater war wie jeden Dienstag bereits zu seinem Stammtisch aufgebrochen, das stand außer Frage, und meine Mutter spielte an diesem Abend gewöhnlich Squash. Ganz sicher war ich mir allerdings nicht.

Unter keinen Umständen wollte ich, dass meine Mutter Anja lästige Fragen stellte, wie es so ihre Art war. Denn dass Anja nicht von unserer Schule war, wäre ihr schnell klar gewesen. Meine Mutter saß im Elternbeirat und wusste auch sonst immer alles. Über jeden. Und was sie nicht wusste, machte sie erst recht neugierig. Am besten wäre es also, sie begegneten sich gar nicht erst.

«Ich lauf mal schnell rüber zu mir und guck, ob die Luft rein ist.»

Anja nickte stumm.

«Bin gleich wieder da und hol dich. Oder ...», ich zögerte kurz, «oder wir lassen uns was anderes einfallen.»

Was das genau wäre, war mir allerdings selbst noch nicht klar.

Erneut donnerte es gewaltig. Ich rannte los. Der Regen prasselte auf mich herab.

Als ich meinen Schlüssel im Schloss der Wohnungstür drehte, schnappte es unvermittelt auf – nicht abgeschlossen.

«E, N, O, R, M – Enorm in Form!», schallte es aus dem Fernseher. Meine Mutter stand, eigenartig kostümiert, im Wohnzimmer und sang laut mit.

Sie trug eine gelb glänzende Strumpfhose, ein ebensolches Trägertop, ja selbst ein farblich passendes Stirnband. Die Haare hatte sie nach oben gebunden, wie zu einem Pferdeschwanz, wozu ihr Haar denkbar ungeeignet war, weil zu kurz und außerdem zu dünn.

«Aerobic, Aerobic, Aerobic ...», sang meine Mutter etwas schief den Refrain mit, und ohne mich zu bemerken, reckte und dehnte sie sich in diesem Zirkuskostüm, den Anweisungen aus dem Fernseher folgend.

«Mama? Musst du nicht zum Squash?»

Meine Mutter zuckte zusammen.

«Konrad! Du sollst dich nicht immer so anschleichen. Und überhaupt – wie siehst du denn aus?»

Das hätte ich sie genauso fragen können.

«Ich mein ja nur. Ich dachte, du hast jetzt Squash.»

«Bei dem Wetter? Da kann man doch nicht vor die Tür gehen. Zieh dir was Trockenes an.»

Die ähnlich albern kostümierten Frauen im Fernseher stellten sich wieder in Formation auf und turnten weiter, und meine Mutter bemühte sich, es nachzumachen.

«Ich muss gleich noch mal zu Holger», verkündete ich beiläufig.

Jetzt hatte meine Mutter genug. Sie hielt in ihrer Verrenkungsübung inne und drehte sich zu mir um. «Das kann doch wohl nicht dein Ernst sein!», fuhr sie mich an. «Es ist Sturmwarnung! Du gehst heute nirgends mehr hin! Ist das klar?»

«Aber ich –»

«Ob das klar ist?»

Den restlichen Abend über versuchte ich, Ausflüchte zu finden, warum ich noch einmal rausmüsse, aber es war zwecklos.

«Verliebt?», fragte mein Bruder, als ich erneut ansetzen wollte. «Na hoffentlich nicht in Holger!» Er grinste in sich hinein.

«Ich kann Holgers Mutter anrufen und ihr erklären, dass ich nicht möchte, dass du bei diesem Wetter das Haus verlässt», bot meine Mutter ihre Hilfe an.

Gerade noch konnte ich sie davon abhalten.

Während draußen später der angekündigte Sturm tobte, versuchte ich, wach zu bleiben, bis alle anderen schliefen. Heimlich las ich mit meiner Taschenlampe unter der Decke, bis ich es vor Hitze nicht mehr aushielt.

Die ganze Zeit über musste ich an Anja denken. Ich stellte mir vor, wie sie völlig durchnässt in ihrem Lager lag, zitternd vor Kälte. Eine schreckliche Angst beschlich mich. Als wir kleiner waren, hatte unsere Mutter meinem Bruder und mir immer eingeschärft, was eine Unterkühlung alles für Folgen haben könne: Wenn wir uns im Winter nicht warm genug anzögen, stünde uns ein Fieberanfall ins Haus. Wenn wir im Sommer die nassen Badehosen nicht unverzüglich gegen trockene Klamotten tauschten, könne das in einer Nierenbeckenentzündung enden.

Vor meinem inneren Auge sah ich immer wieder Anjas blutleeres Gesicht, ihre Lippen eigenartig fahl, am Himmel zuckten die Blitze. Dann hielt ich es nicht mehr aus. Ich stand auf, prüfte, ob mein Bruder auch fest schlief, und sah aus dem Fenster: Es regnete immer noch in Strömen. Ganz leise zog ich mich an und schlich auf Zehenspitzen ins Badezimmer. Ich schnappte mir zwei große Badetücher, in der Küche fand ich eine Packung Knäckebrot und eine Capri-Sonne, die auf dem Tisch stand, und steckte alles in einen Beutel.

Die Schlafzimmertür meiner Eltern war nur angelehnt. Laut hörte ich meinen Vater schnarchen. Mein Vater war nicht das Problem, er schlief wie ein Bär. Aber meine Mutter wachte bei jeder Kleinigkeit auf. Meist hatte sie große Probleme, überhaupt einzuschlafen. Es war fast schon ein Ritual, dass sie jeden Morgen, während wir stumm unsere Cornflakes löffelten, berichtete, sie hätte «die ganze Nacht kein Auge zugetan».

Ich packte meine Taschenlampe ein, schlich zur Garderobe, zog lautlos Jacke und Schuhe an. Ein paar Atemzüge hielt ich inne, lauschte – nichts. Dann trat ich leise aus der Wohnungstür, steckte den Schlüssel geräuschlos von außen ins Schloss, zog die Tür behutsam zu und ließ den Schnapper ganz langsam einrasten. Leise lief ich das Treppenhaus runter.

Noch immer goss es in Strömen. Ich fluchte innerlich: Wie konnte ich vergessen, mir einen Regenmantel oder zumindest einen Schirm mitzunehmen? Den Beutel schützend unter meiner Jeansjacke verstaut, lief ich los.

Kein Auto weit und breit, es war gespenstisch ruhig, nur der Regen rauschte.

Noch bevor ich an Holgers Haus vorbeikam, war ich komplett durchnässt. Selbst meine Turnschuhe waren durch, obwohl ich versucht hatte, in keine Pfütze zu treten.

Die Kälte kroch an mir hoch, und ich fragte mich, wie es Anja hier draußen aushalten konnte. Der feuchte Kies knirschte unter meinen Schritten. Irgendwann verlor sich der Weg in der Wiese, und ich stapfte durch das hohe, nasse Gras. Der aufgeweichte Boden gab beim Laufen schmatzende Geräusche von sich. Meine Turnschuhe sind wohl für immer versaut, schoss es mir durch den Kopf.

An nichts hatte ich gedacht. Mein Haar klebte an der Stirn, Regentropfen rannen mir in die Augen. Wie soll ich das morgen meiner Mutter erklären?, fragte ich mich, das Zeug krieg ich bis dahin niemals trocken!

Gerade stapfte ich den Damm hoch, als meine Taschenlampe den Geist aufgab. Fluchend schüttelte ich sie, kurz glomm die kleine Glühbirne noch einmal auf, und ich erkannte schemenhaft das dunkle Loch im Brombeergebüsch. Auf allen vieren tastete ich mich schließlich vor, fasste schmerzhaft in einen Dorn, zuckte zurück. Dann kroch ich, nass wie ich war, weiter.

«Anja?»

Keine Antwort.

Immer wieder schaltete ich meine Taschenlampe ein und aus, aber was ich dort sah, im schwachen Licht der Lampe, war und blieb: gähnende Leere.

«Anja!», rief ich verzweifelt.

Nichts.

Was tun? Ihr Hab und Gut lag immer noch am Fuß der Eibe, ihre «Badetasche», die ausgeblichene Supermarkttüte, als Abdeckung darüber.

Schließlich zog ich den Beutel mit den Badetüchern und dem Knäckebrot unter meiner Jacke hervor und packte ihn mit dazu. Warum hatte ich ein Trinktütchen mitgenommen? Verdursten würde man heute Nacht garantiert nicht. Ich legte die alberne Capri-Sonne noch obendrauf.

Wo mochte Anja sein? Ich musste an ihren Donnerarm denken, an die dunklen Kräfte, die manchmal in ihr wirkten und die mir so fremd waren. Und plötzlich geriet ich in Panik. Ich kroch durch das Brombeergebüsch zurück, lief zum Ufer des Eisbachs. «Anja?», rief ich laut. «Anja?»

Dunkel und kalt strömte das Wasser des Eisbachs an mir vorbei. Eine ganze Weile starrte ich auf den Fluss, immer wieder rief ich ihren Namen, aber es blieb nur das Geräusch des Regens und das Plätschern der Strömung. Irgendwann gab ich es auf und kehrte um.

«Neununddreißigacht.» Meine Mutter saß an meinem Bett und hielt ein Fieberthermometer gegen das Licht.

Als sie sich mir zuwandte, sah ich die tiefe Sorgenfalte zwischen ihren Augenbrauen, die sie nur hatte, wenn es um etwas Ernstes ging. Dann übermannte mich wieder der Schlaf. An den beiden folgenden Tagen hatte ich Fieberträume. Ich kann mich nur noch daran erinnern, wie ich hin und wieder erwachte. Manchmal wusste ich dann nicht mehr, wo ich war.

Einmal schlich ein Wolf um unseren alten Kinderzimmertisch. Ein anderes Mal spürte ich etwas Kühles an meinem Bein. Als ich nachsah, lag da eine große Glasflasche in meinem Bett, gefüllt mit Blut.

Und dann sah ich Anja. Anja, wie sie am Ufer des Eisbachs stand. Allerdings auf der anderen Seite, mit dem Rücken zu mir.

«Anja!», rief ich immer wieder. Aber sie schien mich nicht zu hören. «Anja!» Irgendwann war mein Mund so trocken, dass ich keinen Ton mehr herausbrachte.

«Ruhig, ganz ruhig.» Meine Mutter beugte sich über mich und drückte mir einen kalten Waschlappen auf die Stirn. Sie hatte wieder ihre Sorgenfalte zwischen den Augenbrauen, und aus meinem Blickwinkel sah sie auf einmal schrecklich alt aus. Wird sie bald sterben?, fragte ich mich plötzlich, und dann fing ich an zu weinen.

Mit ihrer Hand, die ein wenig nach Spülmittel roch, strich mir meine Mutter jetzt über das Gesicht.

«Musst du bald sterben?», fragte ich leise.

Sie sah mich erstaunt an, und in diesem Moment verschwand ihre Sorgenfalte.

«Quatsch! Mir geht's gut. Jetzt müssen wir nur sehen, dass du auch wieder gesund wirst», sagte sie und kniff mir leicht in die Wange, wie früher.

«Muss man sterben, wenn man sehr lange im Regen war?», fragte ich sie nach einer Weile.

«Nein. Nein, das muss man nicht. Wobei ich mich schon frage, was du mitten in der Nacht da draußen gemacht hast.»

Ich spürte immer noch die fiebrige Hitze in meinem Körper. «Mir war auf einmal so heiß», log ich.

Prüfend sah mich meine Mutter an. «Aha.» Sie wechselte den Waschlappen auf meiner Stirn. «Und deshalb hast du dir auch was zu trinken mitgenommen?»

Überrascht zuckte ich mit den Schultern. Ausgerechnet die fehlende Capri-Sonne war ihr aufgefallen.

«Wer ist Anja?», fragte sie plötzlich.

Ich sah sie erstaunt an. «Wieso?» Ich hüstelte und fragte möglichst beiläufig: «Wie kommst du auf Anja?»

«Du hast gerade ständig ihren Namen gerufen. Gestern auch schon mal.»

Ich blickte zur Decke, als stünde die Antwort dort irgendwo geschrieben. «Komisch.»

«Na ja», sagte sie abschließend, «jetzt komm erst mal wieder zu dir.»

Tags darauf fühlte ich mich deutlich besser. Meine Mutter war zwar der Auffassung, ich solle «zur Sicherheit» noch zwei Tage im Bett bleiben, aber am Nachmittag hielt ich es nicht mehr aus.

Ich erklärte ihr, ich müsse dringend mal frische Luft schnappen, und da das ihrem eigentlichen Credo entsprach, konnte sie nichts dagegen einwenden. Ich lief über die Straße, an Holgers Haus vorbei. Die Überreste des Sturms waren noch deutlich zu sehen: Abgebrochene Äste lagen herum, mehrere Bäume hatte der Sturm gefällt.

Am Fuße des Damms lag der riesige Teil einer abgebrochenen Baumkrone.

Das Lager war leer. Von Anja keine Spur. Wobei ein paar ihrer Klamotten zum Trocknen an der Schnur hingen, und im Ahorn fand ich eines der Badetücher, die ich ihr mitgebracht hatte. Ich setzte mich hin und wartete. Es dauerte keine zehn Minuten, bis es im Gebüsch knackte.

«Wo warst du?», fragte sie, kein bisschen überrascht, mich anzutreffen. Es schien, als hätte sie mich genau in dem Moment erwartet. «Ich hab dich schon vermisst.»

Und so erzählte ich ihr die ganze Geschichte: von meiner missglückten nächtlichen Rettungsmission und wie ich drei Tage fiebernd im Bett verbracht hatte.

Verwundert sah sie mich an. «Du hast mich gesucht? Im Sturm?»

Ich nickte.

«Aber», sie wirkte etwas belustigt, «das war doch klar, dass ich nicht hier bin. Bei so nem Wetter, da kann man doch nicht draußen bleiben, da holt man sich den Tod – wenn man nicht vorher von nem Baum erschlagen wird.» Sie grinste. «Du machst Sachen.»

«Wieso, aber wo warst du denn? Ich meine, wo konntest du denn hin?»

In kreisenden Bewegungen wickelte sie ihre lange Haarsträhne um ihren Zeigefinger.

«In Holgers Gartenhaus», antwortete sie, als sei es das Naheliegendste der Welt, «der Schlüssel liegt doch im Vogelhäuschen.»

Tatsächlich hatte die Indianerin dort einen Zweitschlüssel hineingelegt. Trotzdem war ich nicht auf die Idee gekommen, Anja in Holgers Garten zu suchen, und dass sie überhaupt von dem Versteck wusste, war mir auch nicht klar gewesen.

«Hast du dir Sorgen gemacht? Um mich?» Ein kleines Lächeln huschte über ihr Gesicht.

«Das finde ich süß.» Sie sah mich an. Und plötzlich gab sie mir einen Kuss auf den Mund. «Du darfst dir was wünschen», sagte sie leise.

Ich zögerte. Ich wusste nicht genau, was sie meinte.

«Gibt es nichts, was du gerne willst?»

Sie sah mich immer noch an, ihr Gesicht ganz nah vor meinem, ein rätselhaftes Lächeln darin.

Ich war verwirrt. Ich wusste, dass ich etwas wollte, von dem ich nicht genau sagen konnte, was es war. Ein lähmendes Gefühl machte sich in mir breit.

Irgendetwas musst du jetzt tun, sagte eine Stimme in meinem Kopf, oder zumindest antworten. Ich spürte, wie meine Ohren rot anliefen.

Da nahm Anja meine Hand und legte sie ganz langsam auf ihre Brust. Es fühlte sich weich an und warm.

Wie hatte Holger das gemacht? Warum konnte ein Behinderter so etwas, und ich nicht? Anja sah mich an, ihr Gesicht kam langsam näher, sie schloss die Augen, unsere Lippen berührten sich, ganz zart, ganz flüchtig.

Ich strich über ihr kurzes Haar, mein Daumen berührte ihre Ohrmuschel. Ein wunderschönes Ohr, dachte ich, wie aus Porzellan. Ihre Augen waren immer noch geschlossen, die dunklen Wimpern leicht nach oben gebogen, erst jetzt fiel mir das auf. Ihr Mund mir zugewandt, die Lippen leicht geöffnet, hinter der Zahnlücke meinte ich ihre Zungenspitze zu erkennen.

Meine andere Hand ruhte immer noch auf ihrer Brust, erst jetzt wagte ich es, Anja vorsichtig zu streicheln. Ich schloss die Augen, genau wie sie, und dann verschmolzen unsere Münder. Ich spürte, wie sich unsere Zungenspitzen berührten, und es war, als würden wir eins.

Ein bisschen wie Pergament. Oder wie die glatte Rinde einer ganz jungen Birke. So fühlte es sich an. Die vielen winzigen Unebenheiten erinnerten mich an die Jahresringe eines Baumes. Jeder der Striche, manche fein und dünn, manche breiter, jede Narbe hatte eine Geschichte zu erzählen.

Ganz behutsam glitten meine Fingerspitzen über ihren Donnerarm.

«Manchmal hab ich Angst», flüsterte Anja, «schreckliche Angst.»

Ich räusperte mich. «Angst – wovor?»

«Vor dem Gewitter.»

«So wie vor ein paar Tagen?»

Sie blickte starr vor sich hin und schüttelte langsam den Kopf. «Nein, das mein ich nicht. Ich ... ich hab Angst vor dem Gewitter in mir. Angst davor, dass mein Donnerarm nicht ausreicht.»

Ihre Worte schnürten mir die Kehle zu. Ich wusste nicht, was ich sagen sollte. Ob es überhaupt etwas gab, das man sagen konnte.

Ich drückte sie ganz fest an mich. Sie vergrub ihre Nasenspitze an meinem Hals. Ich spürte ihren Atem, spürte ihren schlanken Körper zittern, in kleinen Wellen durchzuckte es ihren Leib. Ich spürte ihre Tränen an meinem Hals.

Damals wünschte ich mir, ich wäre erwachsen oder zumindest stark. Stark genug, um ihr Halt zu geben.

Ich hielt sie fest umklammert. Nach einer Weile verebbten die Wellen, ihr Atem ging wieder gleichmäßiger, irgendwann hob sie den Kopf und sah mich an. «Konni?» Sie wischte sich eine Träne aus dem Gesicht.

«Ja?»

«Glaubst du», flüsterte sie, «glaubst du, ich bin verrückt?»

Sie sah mich verängstigt an.

«Nein», antwortete ich ruhig, fast dankbar für diese Frage. «Nein, das bist du nicht. Jedenfalls nicht verrückter als ich. Oder Holger.»

«Bist du sicher?» Ihre Unterlippe zitterte leicht.

«Klar. Verrückte fragen so was nicht.»

Sie küsste mich. Ich schmeckte das Salz ihrer Tränen. Es gab so vieles, was ich ihr hätte sagen wollen. Aber eigentlich lag alles in diesem Kuss.

//

«Was is n das für eine?»

Julian sah mich neugierig an.

«Wer?», erwiderte ich scheinbar ahnungslos, obwohl ich genau wusste, von wem er sprach.

«Na die Dunkelhaarige, die aussieht wie n Junge.»

Was sollte ich sagen? Was durfte ich sagen? In meinem Kopf drehte es sich wie in einem Karussell.

«Die ist neu», bemühte ich mich um Beiläufigkeit, während ich neben ihm den Weg zur großen Liegewiese entlangschlenderte, «gerade erst hierhergezogen.»

«Ach so?» Prüfend kniff er sein linkes Auge zusammen und sah mich durchdringend an. «Stehst du auf die?»

Ich räusperte mich.

Klar steh ich auf sie. Weil sie irgendwie anders ist als die Mädchen, die ich kenne. Sie interessiert sich nicht für

Pferde oder Ballett. Sie steht nicht auf Patrick Swayze und besprüht sich nicht mit dem gleichen «Loulou»-Parfum wie alle anderen, das wie ein Meer aus künstlichen Blumen riecht. Sie trinkt keinen Tee in der Geschmacksrichtung Kirsch-Vanille, guckt keine Tanzfilme und liest keine «Bravo». Dafür kann man mit ihr auf Bäume klettern und um die Wette tauchen. Sie kennt jede Blume beim Namen, weiß, welche Pflanzen man essen kann und welche giftig sind. Und wenn ich ehrlich bin, steh ich auf sie, weil mir ihr Körper gefällt. Ihre Haut, die sich so schön anfasst und die nach Sommer duftet. Weil ich ihre Zahnlücke liebe und weil ich in ihren hellbraunen Augen versinken kann, wenn ich ihr abends ein Märchen erzähle.

«Jetzt sag schon!» Mit einem Schlag in den Nacken holte er mich aus meinen Gedanken zurück.

«Quatsch. Wie kommst n darauf?»

«Ihr seht so vertraut aus.»

Ich zuckte mit den Schultern. «Kenn sie doch kaum.»

«Komische Klamotten trägt die jedenfalls. Die Hose von der. Und der Badeanzug.»

Er schnaubte verächtlich. «Wo kommt die denn her?»

«Woher soll ich das wissen?»

Julians Fragen waren mir unangenehm. Ich mochte nicht, wie er von Anja sprach, so abfällig.

Mit jeder Bemerkung schob sich ein dunkler Schatten in mein Bewusstsein. Ein Schatten, der auch sonst da war, aber den ich mich seit Tagen verzweifelt zu ignorieren bemühte. Wie sollte ich Anja, wie sollte ich uns weiter geheim halten?

«Hast du Holger gesehen?», bemühte ich mich um einen Themenwechsel.

«Nee, was willst n von dem? Den können wir jetzt eh nicht brauchen.»

Er zwinkerte vielsagend und deutete auf den kleinen Wegweiser links von ihm: «Zu den Umkleiden» stand in altdeutscher Schrift darauf.

Auch wenn mir gerade nicht nach irgendwelchen verbotenen Dingen war, folgte ich ihm bereitwillig. Denn damit schien die Fragestunde erst einmal beendet zu sein.

Die düsteren hölzernen Umkleidekabinen am Rande des Freibadgeländes stammten aus der Eröffnungszeit in den dreißiger Jahren. Ab und zu zog sich dort aus Gewohnheit eine alte Oma um, aber davon abgesehen benutzte sie kaum noch jemand.

Früher hatten wir hier manchmal Verstecken gespielt oder durch eines der Astlöcher der Dreier- oder Neuner-Kabine in die Nachbarumkleide gespannt. Jetzt traf man sich bei den Umkleiden nur noch, wenn man nicht gesehen werden wollte.

Julian zog ein eigenartiges kleines Aluminiumfoliengebilde aus seiner Badetasche. Mit einem Fingerschnipsen entzündete er sein Benzinfeuerzeug, ein echtes «Zippo», um das ich ihn beneidete, und hielt es unter das silbern glänzende Objekt.

«Was soll das werden?»

Prüfend blickte er sich noch einmal um, bevor er leise antwortete: «Hab ich von Erbse.» Nach einer bedeutungsvollen Pause fuhr er fort: «Man muss die Dinger in Aluminiumfolie grillen. Wenn die Folie krass heiß ist, ziehen giftige Dämpfe in die Kippe – die Scheiße knallt richtig, sagt Erbse.»

Er grillte die eingewickelte Zigarette ausgiebig, zumindest wurde die Folie so heiß, dass er sich ordentlich die Finger verbrannte, und das obwohl er sie nur mit den Fingerspitzen hielt.

Nach dieser Prozedur war die Zigarette kräftig gebräunt, sie sah fast aus wie einer der Zigarillos, die mein Vater sonntagnachmittags paffte.

«Willst du zuerst?» Großzügig bot er mir den vergifteten Glimmstängel an.

«Nee, lass ma.»

Wenig später saßen wir beide hinter der dunklen Holzwand der Neuner-Kabine und hielten jeder eine braun gebrannte Zigarette in der Hand. Der ausgedörrte Tabak knisterte, wenn man an der Kippe zog.

«Spürst du was?», fragte ich Julian, eine Weile nachdem wir aufgeraucht hatten.

«Nee. Noch nicht», gestand er ein, «dauert wahrscheinlich noch, bis die Synapsen klingeln.»

Bei mir klingelte jedenfalls nichts. Auch nicht nach einer Stunde. Aber eigentlich wunderte mich das nicht. Schließlich gehörte es zu jedem Grillabend dazu, dass man in Aluminiumfolie eingewickelte Kartoffeln für gefühlte Stunden der Glut überließ. Und nach Erbses Methode hätten das am Ende alles halbe LSD-Trips sein müssen.

Irgendwann liefen wir zurück, Richtung Nuttengrill. Dort standen wir und hielten in alter Gewohnheit die Hand schützend über die Augenbrauen. Wir taten, als würden wir jemanden suchen.

Ich glaube, sie wussten alle, dass uns die Sonne nicht wirklich blendete. Irgendwie interessierten mich die halbnackten Schönheiten heute aber nicht.

Es roch nach Tiroler Nussöl.

«Braucht's ihr Hilfe?», erhob sich nach einer Weile ein muskulöser Typ von seinem FC-Bayern-Badetuch und kam auf uns zu. In seinem lockigen, geölten Brusthaar hing eine Goldkette mit einem Wassermann-Anhänger, vermutlich sein Sternzeichen.

«Nee», winkten wir synchron ab, «danke.»

«Des Kinderbecken is dahinten.» Auffordernd zog er die Augenbrauen hoch. Ein paar barbusige, sonnenbebrillte Schönheiten zu seinen Füßen kicherten.

«Ähm, dürfen wir Ihre Flaschen haben?», fragte ich freundlich – ein Versuch, unsere Ehre zu retten.

«Schleicht's euch!», bellte der Typ, und wir zogen gedemütigt ab.

«Musst du auch noch nach den scheiß Flaschen fragen? Wir sind doch keine Asis!», zeterte Julian, kaum dass wir außer Hörweite waren.

Ich sagte nichts. Für einen Moment überlegte ich, ob ich ihm von dem Feuerzeuggas erzählen sollte. Aber dann ließ ich es bleiben. Gespräche mit dem Teufel sind nicht das Richtige für jeden.

//

«Jetzt suchen sie schon seit vier Wochen nach einem Heimkind!» Mein Vater faltete die Zeitung zusammen und schüttelte den Kopf. Dann griff er nach seinem Messer und schlug dem Frühstücksei mit einem gezielten Hieb den Kopf ab. Es schauderte mich immer ein wenig, wenn er das tat.

«Vielleicht ist er in der Isar ertrunken», erwiderte meine Mutter mit vollem Mund, «die können ja wahrscheinlich gar nicht schwimmen.»

Ich schielte nach der Zeitung.

«Ein Mädchen», entgegnete mein Vater und biss in seine Semmel.

«Was?», fragte meine Mutter.

«Ich sage, es ist ein Mädchen, das sie suchen. Kein Junge.»

«Ach so. Kann ich ja nicht wissen.»

«Das habe ich auch nicht behauptet.»

«Haben wir heute was vor, oder kann ich gleich rüber zu Holger?», unterbrach ich sie.

«Ich muss zum Training», verkündete mein Bruder.

In seinem Mundwinkel klebte Eigelb. Seit neuestem aß er sein Ei nicht mehr gekocht, sondern trank es roh, genau wie Rocky.

«Wir sind bei den Hagers zum Mittagessen eingeladen», erklärte meine Mutter.

«Ich auch?»

«Natürlich du auch. Die Mädchen freuen sich auf dich!» Sie lächelte mich aufmunternd an.

Das bezweifelte ich allerdings. Die jüngere Hager-Tochter war erst elf und redete den ganzen Tag nur von Pferden. Die ältere war fünfzehn und hoffnungslos in Morten Harket, den Sänger von a-ha, verliebt. T-Shirt, Autogrammkarten, kompletter Bravo-Starschnitt an der Wand: das ganze Programm. Ich konnte weder mit Pferden noch mit Morten Harket etwas anfangen, und so hatten wir uns nicht viel zu sagen.

Mein Bruder schien mit seinem doofen Fußball inzwischen um alles herumzukommen.

«Ich würde auch lieber hierbleiben. Ich soll bei Holgers Eltern –»

«Die Hagers freuen sich alle auf dich», unterbrach mich meine Mutter schroff und griff nach der Zeitung. Ihr Gesicht verschwand hinter dem riesigen Vorhang der «Süddeutschen». Ende der Vorstellung.

Mein Bruder schürzte süffisant die Lippen. Vor einem halben Jahr hatte ihm Sabine, die ältere der Hager-Töchter, ihre Brüste gezeigt. Das hatte er mir lang und breit erzählt.

Dann ging er sich die Zähne putzen. Als er sich kurz darauf lässig verabschiedete, klebte das Eigelb noch immer in seinem Mundwinkel. Ich sagte nichts.

Zwei Stunden später stand ich mit meiner Mutter vor der großen Vitrine mit den vielen Steinen.

Manche glänzten silbern, manche leuchteten in schillernden Farben, andere sahen von außen wie ganz gewöhnliche Steine aus, aber in ihrem Inneren trugen sie funkelnde Kristalle. Das heißt, «Steine» durfte man nicht sagen, denn Herr Hager war «Mineraliensammler», darauf legte er Wert. Herr Hager nahm auch sonst alles sehr genau, von Beruf war er Steuerprüfer.

Ich fragte mich immer, woher er wusste, in welchem Stein sich ein funkelnder Schatz verbergen würde, denn ich konnte mir nicht vorstellen, dass der kleine, rotgesichtige Herr Hager in einem Steinbruch besinnungslos draufloskloppte, bis er den richtigen gefunden hatte.

Natürlich hatte ich ihn danach gefragt, aber Herr Hager hatte sich wie ein Zauberer verhalten, der seinen Trick nicht verrät, und nur ein bedeutungsvolles «Tja ...» gebrummt.

Vor zwei Jahren hatte ich einmal einen wunderschönen weißen Stein im Eisbach entdeckt. Ganz flach und samtig, wie aus Elfenbein, von zarten grauen Linien durchzogen. Stolz hatte ich ihn Herrn Hager als Geschenk mitgebracht und angenommen, mein Schmuckstück bekäme einen würdigen Platz in der Wohnzimmervitrine. Aber der hatte nur einen kurzen Blick darauf geworfen und sich höflich lächelnd bedankt. Später, kurz bevor wir uns verabschiedeten, hatte ich den Stein im Küchenmülleimer entdeckt. Seitdem lag er in meiner Schreibtischschublade, und die neuesten Steine von Herrn Hager, die er jedes Mal stolz vorführte, obwohl das meine Mutter gähnend langweilte, interessierten auch mich nicht mehr.

«Wollen wir a-ha hören?», fragte ich Sabine, die kaugummikauend neben ihrem Vater stand. Vermutlich würde sie mir nicht ihre Brüste zeigen, aber spannender als das hier wäre es allemal.

Ihre Augen leuchteten auf, und wir gingen in ihr Zimmer. Sie nahm den Deckel von ihrer Schneider-Kompaktanlage und legte eine Platte auf. Schon beim ersten Lied nickte ihr Vollmondgesicht rhythmisch im Takt.

Ich saß auf ihrem mit rosa Frottee bezogenen Bett zwischen großen roten Kissen in Herzform und einem hässlichen Monchichi, das an seinem Daumen nuckelte. Über mir ein Poster mit dem Gesicht von Morten Harket, das mit sehnsuchtsvollem Blick aus einer Nebelwand auftauchte. Es roch ein wenig nach Sabines Schweiß.

«Übrigens: Weißt du eigentlich, was Morten Harket für Musik hört?», fragte ich sie, nachdem ich mir die ersten Songs brav angehört hatte.

«Nein.»

Sie sah mich gespannt an. Ein Moment, den ich genüsslich auskostete.

«Gar keine.»

Sie guckte erst ungläubig, dann verärgert.

Dabei war das nicht gelogen. Das Einzige, was ich an dem Sänger mit der Schmalztolle mochte, war seine Antwort auf diese Frage in einem Interview.

«Er sagt, Musik ist sein Beruf, aber privat liebt er die Stille.»

Kein Harket-Fan schien dieses Interview gelesen zu haben. Und alle reagierten verärgert. Vielleicht weil sie alle wie Morten Harket sein wollten, und wären sie es gewesen, hätten sie keine Harket-Fans mehr sein können, denn dann hätten sie seine Musik ja nicht hören dürfen.

Das mit den Brüsten hatte sich damit natürlich erledigt. Ich hörte pflichtbewusst noch zwei a-ha-Songs mit, dann waren wir beide froh, als ich das Zimmer verließ und das anstrengende Schweigen ein Ende nahm.

Das einzig Gute bei den Hagers war das Grillen. Die Hager-Eltern hatten eine strenge Aufgabenteilung: Herr Hager ernährte sich ausschließlich von Fleisch, zumindest sah ich ihn nichts anderes essen, und gab den Grillmeister, während seine Frau, dünn wie ein Strich, sich dem Salat und den Beilagen widmete. Es gab Fleisch in allen Variationen: Bratwürste, klein und groß, dick und dünn, gerade und als lustige Schnecke, Koteletts, Schaschlikspieße und Hähnchenkeulen.

Ich stopfte mich ordentlich voll, bis ich mich ganz betäubt fühlte. Während mein Vater sich von Herrn Hager in dessen Grillkünsten unterweisen ließ, schlich ich mich rein und wagte es, mir die Zeitung zu schnappen, die auf dem Couchtisch lag. Der Artikel war kurz und nichtssagend, aber als ich Anjas Namen las, brach mir der Schweiß aus. Immerhin gab es kein Foto. Das beruhigte mich etwas.

//

Vorletztes Jahr, als ich die großen Ferien bei meiner Großmutter in Franken verbrachte, hatte sie mir an einem lauen Sommerabend erzählt, wie sie im Krieg einen jungen Soldaten bei sich auf dem Hof versteckt hatte. Der Soldat war desertiert, hatte meine Großmutter erklärt, und dass man ihn hingerichtet hätte, wenn er gefunden worden wäre.

«Was heißt ‹desertiert›?», hatte ich gefragt.

«Wenn man keinen Sinn mehr darin sieht weiterzukämpfen.»

Das leuchtete mir ein. Vermutlich wäre ich kein guter Soldat gewesen, dachte ich damals, aber ein großer Deserteur.

Mein Großvater kämpfte zu diesem Zeitpunkt irgendwo im tiefsten Osten, vielleicht war er auch bereits in Kriegsgefangenschaft, wer wusste das damals schon. Meiner Großmutter hatte er einen Haufen Kinder, aber nicht viel Liebe geschenkt, und so hielt sich das Vermissen in Grenzen.

Der junge Soldat, den sie versteckte, hieß Wilhelm. «Sie hätten Wilhelm erschossen», hatte meine Großmutter mit eigenartig glänzenden Augen betont.

Vielleicht hatte es auch noch einen weiteren Grund gegeben, warum sie diesen fremden Menschen versteckte. Aber als ich mehr über diese spannende Geschichte hatte wissen wollen, waren ihre Erinnerungen plötzlich verblasst.

Anja war kein Soldat. Sie drohte auch nicht erschossen zu werden. Dennoch wurde ich das Gefühl nicht los, dass alles auf dem Spiel stand.

In der «Tagesschau» war seit Wochen nur noch die Rede vom «kalten Krieg».

Komischer Ausdruck, dachte ich. Und doch hatte man ihn bereits so oft gehört, dass er schon wieder normal klang. So normal, dass ich mich manchmal fragte, ob ein kalter Krieg überhaupt warm, gar heiß werden konnte. Oder ob ein kalter Krieg wie ein kalter Leichnam war – dazu verdammt, auf ewig kalt zu bleiben.

Es war schon spät, als meine Mutter am Abend noch mal ins Kinderzimmer kam. Etwas fehl am Platz stand sie da, blickte umher, offensichtlich nach einem Gesprächsfaden suchend.

«Es bleibt heiß. Soll sogar noch heißer werden die nächsten Tage», verkündete sie.

«Aha.» Ich starrte unverwandt an die Zimmerdecke.

«Vielleicht kommt es ja zum Krieg», sagte ich nach einer Weile.

«Das wollen wir nicht hoffen», wiegelte meine Mutter ab, dankbar für mein Konversationsangebot, und setzte sich zu mir ans Bett.

«Großmutter hat damals auch nicht damit gerechnet», argumentierte ich, den Blick weiterhin nach oben gerichtet, «und dann war er plötzlich da, der Krieg. Und ging jahrelang.»

«Ja, das stimmt. Aber das war eine ganz andere Situation.»

«Die Situationen sind ja immer anders. Das ist ja das Problem.»

Meine Mutter zuckte ratlos mit den Schultern.

«Und am Schluss», fuhr ich fort, «hat sie einen jungen Soldaten, der nicht mehr kämpfen wollte, bei sich in der Scheune versteckt.» Ich sah meine Mutter an. «Hier könnte man niemanden verstecken.»

Meine Mutter blickte erstaunt auf. Für einen Moment schien die Zeit stillzustehen.

«Nein», lachte sie schließlich, «aber du und dein Bruder, ihr seid ja auch beide noch viel zu jung, um eingezogen zu werden.»

«Na ja, wenn der Krieg wieder so lange dauert ...»

«Wir wollen mal hoffen, dass es keinen Krieg gibt», erwiderte meine Mutter müde lächelnd, «und das mit dem Verstecken ist wohl nicht so einfach, in einer Mietwohnung mitten in München. Schlaf gut.»

Das war leichter gesagt als getan.

An diesem Abend lag ich da und starrte lange auf den Vorhang. Diesen albernen Vorhang, der schon längst viel zu kindisch war. Ich lag da, starrte und starrte, bis meine Augen brannten. Ich starrte auf den blöden Jungen, das bescheuerte Mädchen. Die vielen Pärchen auf dem satten Grün vor ihren Pflanzen.

Fangt an zu gießen, dachte ich, fangt endlich an! Aber solange ich auch starrte, wohin ich auch guckte, die Gießkannen blieben leer.

//

Wir saßen auf dem großen alten Eichenstumpf unten am Feldrand. Anja rauchte eine ihrer selbstgedrehten Kippen, ich trank eine Dose Cola. Die Cola war in der Sonne warm geworden und schmeckte wie ein süßer Tee. Schweigend blickten wir über das Feld.

Ich genoss diese Momente. Man kann nicht mit vielen Leuten einfach dasitzen und schweigen. Mit Anja bedurfte es keiner Worte. Gemeinsam sahen wir in die Ferne und waren einander ganz nah. Obwohl die Sonne bereits sehr tief stand, war es noch immer heiß, ein leichtes Flirren lag in der Luft.

«Hörst du das?», fragte Anja mich irgendwann leise.

Heuschrecken zirpten, ein Fasan flog auf. Und dann hörte ich es: ein leises Knacken, gar nicht weit von uns entfernt, da wieder, in unregelmäßigen Abständen.

«Das ist der Diptam», sagte Anja, «deshalb auch der Geruch.»

Erst jetzt bemerkte ich den feinen, zitrusartigen Duft, der in der Luft lag.

Anja kletterte vom Stamm hinunter und lief zu den großen vertrockneten Pflanzenstängeln am Fuße des Damms. Mehr als hüfthoch, welk und braun standen sie dort, und hin und wieder platzte eine der Samenkapseln mit einem leise knackenden Geräusch auf. Anja brach einen der Stängel ab, zündete ein Streichholz an und hielt es vorsichtig an die vertrocknete Pflanze: Mit einer leise zischenden Stichflamme entzündete sie sich und brannte binnen weniger Sekunden ab.

«Das sind die ätherischen Öle», erklärte sie knapp, «manche nennen ihn auch ‹brennender Busch›, aber ‹Diptam› mag ich lieber.»

Ich tat es ihr nach, und so fackelten wir eine Weile trockene Diptamstängel ab.

Als es zu dämmern begann, saßen wir wieder auf dem großen Eichenstumpf.

Ich musste an den Specht denken, den wir hier am Feldrand begraben hatten, und plötzlich fiel mir wieder ein, woher ich den Diptam kannte: «Früher glaubten die Leute, dass der Specht die Goldberge bewacht.»

Anja sah mich fragend an.

«Es hieß, dass er das in den Bergen verborgene Gold hütet, und wenn er will, kann er den Berg sogar öffnen: mit einem Diptamstängel.»

Anja sah versonnen vor sich hin: «Dann steht uns die Welt ja offen. Wir haben Diptam. Jetzt müssen wir nur noch auf den Specht warten.»

Wir schwiegen. Wir träumten. Bis sich, ganz langsam, wieder der Schatten über uns legte. Und damit wieder die Frage in mir auftauchte. Die Frage, die ich nicht hören wollte: Was ist, wenn sie sie finden?

Vielleicht hatte auch Anja diesen Gedanken, ich wusste es nicht. Es war wie eine stillschweigende Vereinbarung zwischen uns, dass diese Frage nie gestellt wurde. Dennoch stand sie laut schweigend im Raum und durchschnitt unsere friedliche Stille. Später fragte ich mich oft, ob es besser gewesen wäre, wenn wir darüber gesprochen hätten. Ob wir mit unseren verschwiegenen Gedanken gar ungewollt nach ihnen gerufen hatten?

Jedenfalls kamen sie. Auf der gegenüberliegenden Seite des Feldes, hinten an der Straße zum Aumeister, hielt ein Streifenwagen. Zwei Polizeibeamte stiegen aus.

Anja schnippte ihre Zigarette ins Gras. Dann glitt sie vom Eichenstumpf, geschmeidig wie eine Katze, und ging ganz ruhig auf das Maisfeld zu.

Ich sah, wie ein zweiter Streifenwagen hinter dem ersten hielt, und folgte ihr. Wir standen vor den Reihen riesiger Maispflanzen, die uns weit überragten, und starrten in das dichte Grün.

«Man muss auf den Feind zugehen, damit er einen nicht sieht», sagte Anja, und so begaben wir uns in das dunkelgrüne Labyrinth, peinlich darauf bedacht, an keine der Pflanzen zu stoßen, deren Enden rispige Blütenstände trugen, wie kleine Fähnchen an der Spitze einer Lanze.

Irgendwo mitten im Feld traten wir ein paar Maisstängel platt, legten uns flach auf den Boden und starrten in den tiefblauen Himmel. Eine eigenartige Ruhe umfing uns, es fühlte sich an wie die Ruhe vor dem Sturm.

Anja griff nach meiner Hand, richtig fest hielt sie sie, ihre Hand trocken, meine warm und feucht. Ich wagte kaum zu atmen. Nur einmal kurz sahen wir uns an, und ich erkannte die Angst in ihren Augen. Anstatt ebenfalls in Panik zu verfallen, wurde ich, sonst ein echter Angsthase, ganz ruhig.

Irgendwo in der Ferne bellte ein Hund.

«Ich geh nicht zurück», sagte Anja, ihr Blick ganz starr. «Vorher bring ich mich um.»

Ihre hellbraunen Augen waren jetzt ganz dunkel, ganz tief.

«Wir bleiben einfach hier», flüsterte ich, «wir beide, niemand wird uns finden.»

Obwohl es erst dämmerte, stand der Mond bereits als Sichel am Himmel. Die Luft kühlte sich allmählich ab, und uns umgab eine wunderbare Stille. Die Erde unter unseren Körpern fühlte sich hart an – lehmige, aufgeworfene Krumen, die die Sonne ausgedörrt hatte.

In diesem Moment, Anja so nah, roch ich das ganze Leben. Ich sah die Maispflanzen um uns herum in ihrem satten Grün, mit den üppigen Kolben in ihrer blättrigen Umhüllung, die kleinen Fasern an ihren Spitzen wie lustige Haarbüschel.

Anja atmete ruhig und sah in den Himmel. Ich schmiegte mich an sie und hielt sie ganz fest. Vergrub meinen Kopf an ihrem Hals, sog ihren Duft tief in mich hinein.

Ich glaube, letztendlich sind wir wie Tiere. Wir riechen, wo wir zu Hause sind.

Anja roch nach Erde und Sommer, etwas herb und zugleich ein Hauch von Süße, ein Geruch, den ich nicht beschreiben kann – und den ich bis heute nie wiedergefunden habe. Ein Geruch wie ein Versprechen. Anja roch nach Heimat.

«Hier spricht die Polizei!», schallte es aus einem Megaphon.

Das Hundegebell wurde lauter, es mussten mindestens zwei Hunde sein, vielleicht sogar mehr. Panik stieg in mir hoch.

Anja richtete sich auf.

«Zum Eisbach», sagte sie nur. «Pass auf, dass du nicht an die Maisstängel kommst. Sonst können wir gleich winken.»

Ich kam mir vor wie in einem Indianerfilm. Zwei Rothäute, umzingelt von der Kavallerie, auf ihrer Flucht vor dem sicheren Tod. Anja schlängelte sich geschickt durch das grüne Dickicht, ich bemühte mich, ihr zu folgen, ohne einen der Maisstängel zu berühren.

Als wir den Feldrand erreichten, wurde das Hundegebell immer lauter. Selbst die blecherne Megaphonstimme wurde vom Bellen der Hunde übertönt. Wir rannten den Damm hoch, schlugen uns durch dichtes Gestrüpp. Ich wagte nicht, mich umzublicken, und als wir kurz am Ufer verharrten, bereit, in den Eisbach zu springen, hörte ich plötzlich eine wohlvertraute Stimme: «Konni!»

Holger stand auf der gegenüberliegenden Seite und winkte. Was macht er hier um diese Zeit?, fragte ich mich. Sein weißes Polohemd leuchtete in der Dämmerung. Er stand an den großen blühenden Dolden des Wasserdosts, in seiner Hand das Einmachglas mit den Bienenköpfen.

Ohne Ansatz sprang Anja ins kalte Wasser. Ich sah zu Holger, deutete hinter mich, in Richtung der kläffenden Meute, und auf einmal brauchte es nur ein einziges Wort, um uns zu retten: «Spastblick!», rief ich ihm zu.

Dann sprang ich ihr hinterher.

Tags darauf saß ich mit Holger im Garten unter dem Apfelbaum mit den kleinen grünen Äpfeln, die ihrer Reife entgegenharrten. Vor uns auf dem Tisch lag Holgers digitale Armbanduhr, die er gestern vergessen hatte zu tragen – zum Glück. Das Gesicht der Indianerin war noch immer rot vor Erregung, was ihre Kriegsbemalung noch greller erscheinen ließ.

Zum wiederholten Male sprang sie aufgebracht von ihrem Stuhl auf: «‹Freund und Helfer› haben sie auf ihrer Jacke stehen – na, servus! Das sind mir die richtigen

Freunde! Mit einem Rudel wildgewordener Hunde hetzen sie mir meinen Bub durch die Nacht! Fast wär er in den Eisbach gefallen!» Sie schnaubte. «Ersaufen hätt' er können! Und das alles wegen irgendeiner Espenhainerin, die sich sonst wo rumtreibt! Sollen sie halt besser aufpassen auf ihre Gören!»

Holger nickte die ganze Zeit betroffen, ich nickte fleißig mit.

Das seidig schwarze Haar der Indianerin glänzte in der Sonne. Sie war eine stolze Squaw, jederzeit bereit, sich auf den Kriegspfad zu begeben, bereit, dem Feind – und sei er noch so sehr in der Überzahl – furchtlos gegenüberzutreten.

«Wie, Konni?», unterbrach sie plötzlich meinen Gedankenstrom.

«Wie … wie was?», stotterte ich ertappt.

«Dass das ein Riesenschmarren ist, hab ich gesagt!»

«Ja, natürlich! Noch dazu bei einem Behinderten.»

Holger und ich nickten uns zu.

«Genau!», rief sie. «Anzeigen müsst man die! Mitsamt ihren tollwütigen Hunden!»

«Aber –», Tränen der Wut, vielleicht auch des Schmerzes, standen in ihren unerschrockenen Augen, «denen hab ich's gezeigt.» Zärtlich strich sie Holger über seinen Skalp. «Den Ober-Spielführer hab ich mir am Schlafittchen gepackt. Dem hab ich was erzählt. Von wegen, meinen Buben hier mit einem Haufen Dorfpolizisten durch die Botanik hetzen, wo er schon eh kein guter Läufer ist.»

Und während sie ihn noch immer streichelte, huschte ein stolzes Lächeln über ihr Gesicht: «Aber eins ist gewiss: Die Deppen werden meinen Holger nimmer ärgern!»

Und damit küsste sie sein Haupt.

Holger mochte in mancher Hinsicht vom Leben benachteiligt sein. Aber er hatte eine Mutter, die eine echte Squaw war – das war mal sicher.

//

«Harte Zeiten», schallte es aus der alten hölzernen Box, die mein Bruder und ich von Onkel Wolfgang geerbt hatten. Auf unserem Plattenspieler drehte sich meine Geier-Sturzflug-LP. Entnervt nahm ich die Nadel vom Plattenteller.

Mein Bruder stand im Bad und rasierte sich, wie jeden Abend. Eigentlich war das überhaupt nicht nötig, denn sein Bartwuchs war spärlich. Aber er rasierte sich auch nicht, um lästige Gesichtsbehaarung zu entfernen, ganz im Gegenteil: Er war der festen Überzeugung, seinen Bartwuchs durch diese tägliche Maßnahme kräftig anzukurbeln.

Als er ins Zimmer kam, lag ich auf meinem Bett und las einen Comic, zumindest tat ich so.

«Der Alte hat seinen Depri», sagte er, während er sich ein paar Tropfen Tabac-Aftershave auf die Wangen klopfte. «Heute hat diese kleine Blonde nach dir gefragt, die Schwester von Julian, wie heißt die noch?»

«Jasmin», antwortete ich, ohne aufzusehen.

«Ja, genau. Die will unbedingt, dass du auf ihre Geburtstagsfeier kommst. Schätze mal, die steht auf dich.»

«Mmmh.»

«Ganz süß, die Kleine. Findste nicht?»

Krampfhaft bemühte ich mich weiterzulesen. Aber mein Bruder riss mir den Comic aus der Hand.

«Was is los? Probleme? Oder hat dir diese Neue den Kopf verdreht, die mit den kurzen Haaren?»

Ich starrte ihn nur an.

«Na ja. Ich muss jetzt los.» Er sprühte sich etwas Deo unter die Achseln und demonstrativ auch in die Unterhose. «Treff mich mit Erbse und n paar Mädels.»

Und weg war er.

Ich zog eines der Bücher aus meinem Regal: «Leben wie Robinson. Tausend Tipps für Abenteurer». In zahlreichen Kapiteln wurde erklärt, wie man sich ohne Kompass orientiert, wie man ein Feuer macht und wie man Fallen stellt, für jede nur erdenkliche Art von Tier. Aber wo man wie Robinson leben konnte, wo man eine Insel herbekommt, stand natürlich nirgends geschrieben. Nach wenigen Seiten verging mir die Lust, und ich ging zu Bett.

«Du hast einen riesen Sprung gemacht in letzter Zeit.» Meine Mutter hatte sich neben mich auf die Bettkante gesetzt und strich mir mit der Hand über den Kopf, wie sie es früher immer getan hatte.

«Du wirst so erwachsen, mein Großer.»

Sie sah mich an. Ich sagte nichts.

«Aber lachen darfst du auch mal wieder.»

Ich nickte.

«Ist es die Liebe?»

Ich wünschte, sie würde gehen. Aber sie blieb hartnäckig.

«Es gibt noch andere Mädchen.» Sie atmete laut aus. «Glaub mir.»

«Ja, Mama», antwortete ich und drehte mich demonstrativ zur Seite. Das half. Meine Mutter schnaufte noch einmal laut, dann erhob sie sich und verschwand Richtung Wohnzimmer.

Was für ein Widerspruch, dachte ich. Wenn es noch andere Mädchen gibt, kann es keine Liebe gewesen sein. Oder was war dann Liebe – wenn sie austauschbar war? Und überhaupt, was wusste meine Mutter schon von der Liebe?

Als ich später noch einmal aufs Klo ging, sah ich den schemenhaften Schatten meines Vaters in der Küche sitzen.

«Wer zu früh zu nah am Ziel war, muss zurück auf ‹Los› », flüsterte er.

//

Etwas hatte sich verändert. Auch wenn alles gutgegangen war. Normalerweise hätten wir uns über unseren Triumph gefreut. Wir hätten uns gegenseitig wieder und wieder unsere glorreiche Flucht und Holgers Heldentat erzählt. Holger mit seinen X-Beinen, der einen ganzen Trupp Polizisten mitsamt Hundemeute durchs Maisfeld getrieben hatte. Wir hätten laut gelacht über den Feind.

Aber das taten wir nicht. Wir lachten nicht, wir redeten kein Wort darüber. Ich glaube, dafür war das Ende zu nahe gekommen. Und das schienen wir alle zu wissen.

Etwas hatte sich verändert. Obwohl wir weitermachten wie zuvor. Ich sah es in Anjas Augen. Etwas Unruhiges, etwas Ängstliches lag darin. Manchmal wollte ich sie danach fragen und wusste doch nicht, wie. Also sprachen wir nicht darüber. Wir versuchten, uns auf andere Weise Halt zu geben, und häufig gelang es auch. Das dachte ich jedenfalls.

Oben am Himmel zeichnete ein Flugzeug seinen weißen Kondensstreifen ins lichte Blau, wie ein Wegweiser in die Ferne.

Holger und Anja saßen neben mir auf der Liegewiese auf einem Handtuch und spielten «Wer zuerst lacht». Ein Spiel, von dem Holger nie genug bekommen konnte. Er hatte seine Brille abgenommen, wodurch er aussah wie ein Maulwurf in der Sonne, die riesigen Lupenaugen plötzlich ganz klein. Ruhig und konzentriert saß er Anja gegenüber, und sie sahen sich so lange in die Augen, bis Anja irgendwann losprustete. Manchmal war es auch Holger, der nicht durchhielt, aber in der Regel schwächelten Anja oder ich.

Wenn wir einfach irgendwo hinfliegen könnten, dachte ich. Nur wir drei. Wir würden zusammen in einem kleinen Haus am Waldrand leben, irgendwo in einem fernen Land. «Oh, wie schön ist Panama» oder so was.

Holger und ich würden angeln gehen. Anja würde den Fisch ausnehmen. Oder ich würde mit Anja Blaubeeren sammeln im Wald, und Holger würde daraus Marmelade kochen. Das konnte er, er half seiner Mutter immer beim Marmeladekochen.

Und vielleicht würden Anja und ich irgendwann Kinder kriegen. Und eine richtige Familie werden.

«Konni! Konni! Ihr seid dran», rief Holger und zog mich am Arm.

Langsam richtete ich mich auf, der weiße Streifen am Himmel verlor sich wieder im Blau, und ich nahm bereitwillig Holgers Platz ein.

Anja sah mich an. Ganz nah saß sie vor mir, ihre Augen groß und warm.

Konzentriert blickte ich in das Hellbraun hinein, leuchtende feine Linien, die ihre dunkle Pupille in alle Richtungen umrahmten wie ein dichter Wald. Ich schaute und schaute.

Es war, wie wenn man in einen Brunnen sah. Irgendwo dort unten erblickte ich auf einmal mich selbst. Und Anja. Ein kleiner Schauer lief mir über den Rücken.

«Wer zuerst lacht», hörte ich Holger sagen.

Aber Anja lachte nicht. Und ich auch nicht. Wir sahen uns an, ganz unverwandt, und ich spürte, wie meine Augen feucht wurden.

Plötzlich klatschte Holger. Er klatschte in die Hände, er applaudierte laut und lachte. Dann strich er mit der einen Hand ganz sanft und vorsichtig über Anjas Kopf, mit der anderen über meinen, und sein Gesicht strahlte vor Freude. Ich musste mich abwenden, denn mir schossen Tränen ins Gesicht. Dass Holger, ausgerechnet Holger, so viel mehr verstand als alle anderen Menschen.

Später gingen wir schwimmen, Anja und ich. Holger saß am Beckenrand. Er hatte seine Cordhose hochgekrempelt, ließ seine weißen Füße ins Wasser baumeln und sah uns zu.

Anja tauchte. Sie konnte sehr lange tauchen, manchmal stand Holger dann auf und blickte nervös umher, weil Anja so lange verschwunden blieb. Wenn er sie dann am hintersten Ende des großen Beckens wieder entdeckte, sprang er vor Aufregung auf und ab und winkte.

Als wir aus dem Becken stiegen, hatte Anja ganz blaue Lippen. Ihre Zähne klapperten, und sie drückte ihren nassen Körper an mich. Sie roch nach Eisbach und Sommer, und obwohl sie sich so kühl anfühlte, wurde mir heiß. Ich spürte ihre Brust an meiner, und plötzlich fühlte ich, wie es anschwoll in meiner Badehose. Das war mir peinlich, ich wollte sie loslassen, aber Anja drückte sich weiter an mich.

«Halt mich», flüsterte sie klappernd und sah mich an, «halt mich fest.»

In ihren langen Wimpern hingen winzige Wassertropfen, und ihre nasse Strähne klebte an ihrer Stirn wie eine kleine Schlingpflanze aus der Unterwasserwelt. Ich musste an all die Märchen denken, dachte an «Wassilissa, die Wunderschöne» und hielt sie fest umarmt.

Woher sollte ich wissen, dass Anja genauso plötzlich aus meinem Leben treten würde, wie sie hineingestürmt war?

Über ihre Schulter hinweg sah ich Holger auf uns zulaufen. Er breitete seine Arme aus, umarmte uns, das frierende Paar, und gab ein zufrieden grunzendes Geräusch von sich. Danach war sein weißes Polohemd ganz nass.

Später, als die Leute überall anfingen, ihre Sachen einzupacken, fühlte ich eine Unruhe in mir aufkommen: Mit dem nahenden Ende des Tages kündigte sich auch der Schatten wieder an. Ich wünschte, die Zeit würde stehenbleiben.

Um uns herum schälte man sich aus den Badeklamotten, Handtücher wurden ausgeschüttelt, Sonnenschirme zusammengeklappt. Überall wurde eingepackt und aufgebrochen.

Bleibt doch noch, bat ich innerlich, lasst uns doch alle hierbleiben und den Schwimmbadtag zur Schwimmbadnacht machen. Aber natürlich hörte mich niemand. Mütter kämmten ihre Haare, ermahnten ihre müde quengelnden Kinder, während die Väter die Luft aus Gummitieren und

Wasserbällen ließen. Der dicke Franz packte bereits sein Werkzeug zusammen, die Rentnertische waren längst verwaist, selbst die Halbstarken strömten bereits Richtung Ausgang, Fußball in der Hand und Freundin im Arm.

Ich glaube, wir waren die letzten Gäste. Irgendwann beugten wir uns unserem Schicksal. Der Schatten hatte sich inzwischen über alles gelegt, so schien es mir, selbst Holger wirkte ganz in sich gekehrt.

Wir liefen am verschlossenen Kiosk vorbei, zum Ausgang hinaus und überquerten die Straße zu Holgers Haus. Vor der Tür drehte er sich zu uns um, berührte mit den Fingerspitzen zum Abschied kurz unsere Köpfe, so wie es seine Art war, dann lächelte er und ging.

Langsam liefen Anja und ich den Damm hoch. Wir blieben am Eisbach stehen, blickten auf das Wasser, wie es Richtung Floriansmühle strömte, die Dämmerung hatte das Flaschengrün in ein dunkles Grau gefärbt. Lange standen wir da, schauten nur und redeten kein Wort.

Ich spürte die Unruhe in mir anwachsen wie ein Feuer. Sie brodelte in meinen Eingeweiden, breitete sich aus und kroch lodernd meine Luftröhre hoch. Sie trocknete meine Mundhöhle aus, ich musste schlucken.

Ich wollte etwas sagen, wo es nichts zu sagen gab.

«Soll ich …», ich räusperte mich, «soll ich dich begleiten?»

Ich klang mir selber fremd.

Langsam wandte sich Anjas Blick zu mir, ihre Augen zwei dunkle Löcher in der Dämmerung. Sie schüttelte den Kopf. Dann drehte sie sich wortlos um und verschwand.

Als ich die Tür aufschloss, hörte ich den Fernseher laufen. Thomas Gottschalk rief zur Saalwette auf. Fünfzig Pfarrer, die jeweils eine Nonne in der Schubkarre fahren und dabei irgendein bescheuertes Lied singen.

«Konrad, bist du das?», rief meine Mutter.

Meine Kehle brannte noch immer, ich ging in die Küche, um einen Schluck Milch zu trinken. Nachdem ich die kalte Milch runtergestürzt hatte, flüchtete ich ins Kinderzimmer und legte mich aufs Bett. Mein Bruder war seit gestern im Fußballlager.

«Konrad?», rief meine Mutter erneut, während das Publikum johlend die Pfarrer und ihre Nonnen beklatschte.

Ich wollte jetzt nicht reden, mit niemandem. Und schon gar nicht mit meiner Mutter.

«So spät? Wo bist du gewesen?» Unerbittlich stand sie in meiner Tür.

Kurz überlegte ich, sie anzuschreien. Dann schluckte ich den Schrei herunter, runter zu allem anderen, und antwortete nichts. Ich hatte keine Kraft dafür.

//

Vermutlich haben das entscheidende Momente im Leben so an sich. Dass man sie immer wieder vor sich sieht. Wie in einem Film. Auch wenn es kein Film ist. Und man selbst spielt darin die Hauptrolle.

Es ist ein heißer Sommertag. Ich fahre mit meinem weißen Fahrrad die Straße runter, ziemlich schnell. Die Luft ist frischer, wenn man schnell fährt. Ich habe ein kleines Geschenk dabei, es ist nichts Besonderes – nur eine Kassette mit ein paar Songs, die ich für Jasmin zum Geburtstag aufgenommen habe. Songs, die ich alle auswendig kann.

Als ich vor der großen Villa ankomme, höre ich Brutus hinter dem hohen Gartentor bellen. Ich klingle. Fräulein Schäfer meldet sich flötend über die Gegensprechanlage, das große Tor fährt elektrisch zur Seite, die Dogge wedelt mit dem Schwanz, schleckt gierig meine Hand ab.

Ich laufe die Auffahrt zum Haus hoch, rechts und links von mir besprengen automatische Rasensprinkler das satte Grün. In der Tür werde ich von Fräulein Schäfer freundlich begrüßt, sie fragt, ob ich etwas trinken möchte. Mit einem Glas kalter Cola in der Hand trete ich auf die riesige Terrasse. Die Sonne brennt vom Himmel. Ich nippe an meiner Cola, Eiswürfel klimpern in meinem Glas.

Frau Schöninger scheint nicht da zu sein. Ob das der Grund ist, warum ich hier auf einmal wieder willkommen bin, frage ich mich noch, da kommt Jasmin auf mich zugelaufen, in einer knallengen stonewashed Jeans, darüber ein rosa T-Shirt mit Glitzerstreifen.

«Hi! Schön, dass du da bist», sagt sie mit hauchender Stimme. Das hat sie sich aus den amerikanischen Serien abgeguckt, denke ich. Drei andere Mädchen tauchen hinter ihr auf, alle tragen sie entweder rosa T-Shirts oder pinke Tops, ich kenne sie flüchtig von der Schule. Ich bin der einzige Junge. Selbst Julian fehlt.

Fräulein Schäfer platziert eine große Sahnetorte, garniert mit Marzipanrosen, auf dem weißen Gartentisch. Wir setzen uns in die riesigen weißen Gartenstühle und essen Torte – alles ist ganz sahnig, weiß und rosa.

Jasmin packt mein Geschenk aus. «Das ist ja süß», ruft sie und gibt mir einen Schmatz auf die Wange. Die rosa Freundinnen kichern.

Später sitze ich mit den vier Mädchen in einem riesigen Schlauchboot. Nicht so ein kleines für zwei Personen, wie es mein Bruder einmal zum Geburtstag bekommen hat, sondern ein richtig großes, aus dickem Gummi, mit einem Holzbrett hintendran, wo man einen Motor anhängen kann. Jasmin reicht mir ein Paddel aus dunkel lackiertem Holz. Sie nimmt das andere, und dann paddeln wir los.

Nicole, eine ihrer Freundinnen, bedient den Kassettenrekorder. Ein großer mit runden schwarzen Boxen links und rechts und einem sehr langen Batteriefach. Meine Kassette läuft, laut aufgedreht, und so schippern wir den Eisbach hinunter, die Mädels kreischen.

Ich komme mir vor wie der Kapitän. Ich paddele, Jasmin paddelt, ab und zu berührt sie mich flüchtig am Arm, einmal legt sie ihre Hand auf meinem Oberschenkel ab, beiläufig, und trotzdem wird mir ganz heiß.

«Du bist der Steuermann», sagt sie und sieht mich vielsagend an.

Das Boot gleitet auf dem Wasser, ich mache ein paar Witze, Jasmin lacht, ihre Zähne strahlen weiß im Sonnenlicht. Ich fühle mich mit jedem Meter, den wir zurücklegen, wohler in meiner Rolle.

Die Freundinnen hinter uns öffnen ein paar Dosen Cola, es spritzt bis zu uns. Ich schlage mit meinem Paddel auf die Wasseroberfläche, spritze zurück. Gekicher, das Boot schwankt.

Dann zieht Nicole eine große Flasche Asti Spumante aus

ihrer Tasche hervor und lässt den Korken knallen. Der Sekt schießt heraus wie eine kleine Fontäne, und unter Gekreische trinken alle abwechselnd einen Schluck aus der Flasche. Schließlich legt Jasmin ihr Paddel ab und sieht mich an. Sie hält mir den grünen Flaschenhals an den Mund. «Schön trinken», sagt sie und hebt den Flaschenboden auch schon himmelwärts. Der süße Schaumwein spritzt mir in den Rachen, ich schlucke, verschlucke mich, der Sekt steigt mir kitzelnd in die Nase. Ich muss lachen, wische mir das süße Zeug aus dem Gesicht, alles ein einziges Gekicher. Jetzt trinkt Jasmin, reicht mir wieder die Flasche, die Mädchen hinter uns bespritzen sich mit Cola, das Boot schaukelt bedrohlich, und plötzlich erkenne ich in der Ferne den Ahornbaum. Den Baum, unter dem Anjas Lager ist. Und noch bevor ich es richtig begreife, treiben wir darauf zu. Jasmin hat ihren Arm um mich gelegt, kumpelhaft – oder doch mit Ausblick auf mehr?

Ich will ihren Arm abstreifen, aber aus irgendeinem Grund tue ich es nicht. Hinter dem blühenden Wasserdost erkenne ich eine Silhouette. Ich weiß nicht, wie ich mich verhalten soll. Und deshalb mache ich nichts. Gar nichts.

Als ich wieder hinsehe, steht Anja am Ufer, in ihrer abgetragenen Cordhose, sie sieht in unsere Richtung. Unsere Blicke treffen sich kurz, ich sehe ihr ausdrucksloses Gesicht, kann ihren Blick nicht deuten. Und dann wende ich mich ab. Ich wende mich den Mädchen zu, weil ich nicht weiß, was ich tun soll. Der Sekt prickelt in meinem Gehirn. Ich will jetzt, dass weiter gekreischt und gefeiert wird. Lustig soll es sein, ohne Sorgen und von mir aus auch alles rosa.

«Habt ihr die gesehen?», fragt Nicole. «Die sah ja unheimlich aus.»

Ich drehe die Musik bis zum Anschlag auf und greife nach dem Asti. Bevor ich die Flasche ansetze, um mir noch einen ordentlichen Schluck zu gönnen, blicke ich noch einmal über die Schulter nach hinten, zu Anjas Lager. Aber dort ist niemand mehr zu sehen.

Kurz bevor der Eisbach unter der Floriansmühlstraße hindurch- und weiter in das Schwimmbad strömt, legen wir am Ufer an. Gemeinsam ziehen wir das große Schlauchboot an Land, und Nicole lässt die leere Sektflasche im Gebüsch verschwinden. Als wir das Boot Richtung Parkplatz tragen, sehe ich hinter den parkenden Autos, dort, wo die Kleingärten beginnen, eine Person langstolpern. X-beinig.

Ich winke nicht, ich rufe nicht. Stattdessen verstecke ich mich hinter Nicole, sodass Holger mich nicht sehen kann. Ich bin ein Verräter, warum, weiß ich selber nicht. Aber ich habe gerade keine Lust auf Probleme, auf Erklärungen, auf Rechtfertigung. Ich will einfach sein wie alle anderen.

Am Parkplatz nimmt Jasmins Vater, der extra aus Frankfurt gekommen ist, uns in Empfang. Er sieht aus wie einer der Männer aus der Anzugwerbung, die immer der Wochenendausgabe der Zeitung beiliegt. Er riecht nach Geschäftsmannparfum, trägt einen schicken Geschäftsmannanzug. Nur das Jackett hat er ausgezogen und die Ärmel seines gestärkten Hemdes sportlich hochgekrempelt. Ich helfe ihm, das Boot auf dem Anhänger festzuzurren, während die Mädchen in den großen glänzenden Mercedes-Kombi einsteigen.

«Na?», zwinkert er mir zu. «Du bist der Hahn im Korb?»

Er gibt mir einen kumpelhaften Klaps auf die Schulter, und ich merke, dass ich kein Hahn sein will.

«Du musst zu mir nach vorne kommen», ruft Jasmin,

und so klemme ich mich neben sie auf den Beifahrersitz. Der Gurt schneidet mir in den Hals, es riecht nach Leder, nach neuem Auto und dem Geschäftsmannparfum, und Jasmins Vater gibt ordentlich Gas.

Er fährt, ohne zu schalten, denn das macht der Mercedes für ihn, und vor jeder Kurve muss er kräftig abbremsen. Schon nach der vierten Kurve ruft Nicole: «Herr Schöninger, ich muss brechen!»

Und obwohl Herr Schöninger sehr schnell bremsen kann, reicht es nicht. Ein erster kleiner Schwall landet noch innen an der Tür, bevor Nicole nach draußen stürzt und sich auskotzt. Braun läuft es die Scheibe runter, das Wurzelholz entlang, tropft auf den Knopf des elektrischen Fensterhebers. Es riecht sauer, nach Kotze und Asti Spumante.

Herr Schöninger flucht, und während wir uns um Nicole kümmern, versucht er, das Erbrochene mit seinem Stofftaschentuch wegzuwischen, was nicht ganz einfach ist. Kaum dass Nicole fertig ist, muss auch Tina reihern, oder wie sie heißt, sie hat bisher kaum was gesagt. Glücklicherweise aber noch bevor wir wieder ins Auto steigen. Und obwohl sie betont: «Es ist nur der Geruch. Ich kann den Geruch einfach nicht ab», hat Herr Schöninger bereits Verdacht geschöpft. Er sagt nichts, aber ich sehe es ihm an: Er weiß, dass der Brechreiz weder am Geruch noch an Fräulein Schäfers Sahnetorte liegt.

Als wenig später das elektrische Tor zur Seite fährt, steht bereits der rote Sportwagen seiner Exfrau vor der Garage. Während Fräulein Schäfer die erschöpften Mädchen mit Wasser und Salzstangen versorgt, verziehen sich Jasmins Eltern zur Besprechung in einen Nebenraum.

Ich weiß, worauf das hinauslaufen wird, und deshalb verabschiede ich mich von Jasmin, die betrübt ihre Lider senkt. Noch etwas länger als sonst.

Schnell schwinge ich mich auf mein Fahrrad und radle los, ohne mich umzusehen. Es tritt sich beschwerlich, und das liegt nicht nur daran, dass die Straße eine leichte Anhöhe hat.

Jedes Mal, wenn dieser Film in mir abläuft, spule ich zurück. Ich spule zurück zu der Stelle, als wir lachend den Eisbach entlangschippern und ich flussabwärts plötzlich Anjas Zuhause erkenne. Der Sekt kribbelt in meiner Nase, das Boot schaukelt, und ich spüre Jasmins Arm auf meiner Schulter.

Und auf einmal sehe ich Anja. Ich sehe sie, sehe den Ausdruck in ihren Augen. Und dann gucke ich weg und weiß nicht, warum.

Aber ich gucke weg.

//

«Deine Mutter bügelt noch die Welt in Ordnung», pflegte mein Vater zu scherzen.

Ich lag angezogen auf meinem Bett und starrte an die Zimmerdecke. Im Schlafzimmer nebenan bügelte meine Mutter gegen die vor ihr aufgetürmten Wäscheberge an. Wie immer leistete der Bayern-3-Moderator aus dem Radiowecker ihr dabei Gesellschaft und machte schlechte Witze. Ab und zu lachte sie künstlich auf, als gelte es dem schlechten Moderator Beifall zu zollen, der sie doch sowieso nicht hören konnte.

Ich starrte an die Decke.

«Kleine Taschenlampe, brenn», sang Markus im Radio nebenan. Der Moderator gab seine albernen Kommentare ab, dazwischen das metallene Geklapper, wenn meine Mutter das heiße Eisen auf dem Rost abstellte.

Meine Mutter bügelte alles, was man bügeln konnte. Nicht nur ihre Blusen und die Oberhemden meines Vaters, sondern auch T-Shirts, Unterhosen, Geschirrtücher und Bettwäsche. Selbst vor meinen Jeans machte sie nicht halt, da half auch kein Protest. Jeder Knick war meiner Mutter ein Dorn im Auge, die Welt musste glatt und faltenfrei sein.

«Ffft, ffft», machte die Sprühflasche meiner Mutter.

Ich starrte immer noch an die Zimmerdecke. Die Zimmerdecke mit ihren vielen kleinen Pickeln. «Raufasertapete nennt man das!», hatte mein Vater mich belehrt.

«Klack.» Drüben stellte meine Mutter erneut das Bügeleisen auf den Rost.

Warum hatten die Leute mit jedem Tierheimhund Mitleid, aber die «Espenhainer» waren Asis? Warum bekam eine glatte Zimmerdecke extra hässliche Pickel, während sonst die kleinste Unebenheit platt gebügelt wurde?

Die Welt war mir ein Rätsel.

Ich stand auf und lief in die Küche. Die Milch aus dem Kühlschrank schmeckte sauer. Ich kippte sie in den Ausguss. Die kleinen weißen Flocken sahen aus wie der künstliche Schnee in der Schüttelkugel, die in meinem Regal stand.

«Steht ein Wetterumschwung bevor, wird die Milch schlecht» war eine der Weisheiten meines Vaters. Wobei er mir nie verriet, woher die Milch das wusste.

Ich schaute aus dem Fenster. Der Himmel noch immer strahlend blau. Mir war trotzdem nicht nach Freibad.

Als meine Langeweile zu groß wurde, kramte ich das Fahrradflickzeug aus der Holzkiste meines Vaters, die hinten in der Speisekammer stand. Gestern hatte ich mir auf dem Nachhauseweg einen Platten geholt.

Ich lief das Treppenhaus hinunter, langsamer als sonst, und holte mein Rad aus dem Fahrradkeller. Im Garten hinter unserem Haus war es vollkommen ruhig. Der Wind trug die Stimmen aus dem Freibad nicht herüber wie sonst, und die Vögel in den Bäumen hatten bereits aufgehört zu singen. Nur ein paar Bienen summten. Die Früchte des alten Kastanienbaums in unserem Hof waren recht groß geworden, fiel mir auf, ihre Stacheln leuchteten hellgrün.

Ich baute das Vorderrad aus, hebelte den Mantel von der Felge und zog den Schlauch heraus, der schon zahlreiche Flicken trug. Nachdem ich ihn kräftig aufgepumpt hatte, versuchte ich zu hören oder zu ertasten, an welcher Stelle Luft ausströmte – vergebens. Schließlich holte ich einen Eimer Wasser aus der Waschküche und hielt den Schlauch hinein. Eine Weile sah ich den kleinen Luftblasen zu, wie sie blubbernd das winzige Loch verrieten. Nachdem ich ihn abgetrocknet hatte, raute ich das Gummi an der beschädigten Stelle mit Schleifpapier an, wie es mir mein Vater oft genug erklärt hatte, und trug den Kleber auf. Den Kleber, der auch eine «krasse Droge» sei, wie mir Julian mal erzählt hatte, man müsse das Zeug nur schnüffeln. Aber, hatte er warnend hinzugefügt, die giftigen Dämpfe würden das Hirn schrumpfen lassen. Ich roch ein wenig an der giftigen Tube und dachte an die gruseligen Schrumpfköpfe von Herrn Hager, Mitbringsel einer Südamerika-Reise, die man vielleicht besser hätte beerdigen sollen, anstatt sie zu den bunten Steinen ins beleuchtete Regal zu stellen.

Obwohl es nur der Vorderreifen war, brauchte ich eine Ewigkeit, bis ich den reparierten Schlauch mitsamt Mantel und Felge wieder eingebaut hatte. Ich pumpte gerade den Reifen auf, als mein Vater nach Hause kam. «Gut, Konrad», lobte er mich sichtlich zufrieden, als hätte ich etwas Besonderes vollbracht.

Abends saß ich mit meinen Eltern vor dem Fernseher. Nach der «Tagesschau» kündigte die Ansagerin mit einem kühlen Lächeln einen «außergewöhnlich spannenden» Krimi an. Und obwohl ich mich auf die Ablenkung gefreut hatte, gelang es mir nicht, der Handlung zu folgen.

Die Hauptfigur, im Alter meiner Mutter, sah wie versteinert aus dem Fenster, während sie sprach, und wandte dabei dem Kommissar den Rücken zu. Das hatte ich oft genug gesehen. Ob echte Mörderinnen sich wirklich so auffällig verhielten, bezweifelte ich.

Ich verabschiedete mich, Müdigkeit vorschützend, und ging ins Bett.

Lange lag ich da und konnte nicht einschlafen. Ein Lichtstrahl drang durch den Spalt im Vorhang und durchteilte das Zimmer, über meine Bettdecke hinweg bis zur Wand. Ich stand auf und sah durchs Fenster den Mond rund und voll am Himmel stehen. Alles war in ein eigenartiges kühles Licht getaucht. Schön und bedrohlich zugleich.

Mein Blick fiel auf die unberührte weiße Bettwäsche meines Bruders, und ich wünschte, er wäre da gewesen. Auch wenn das vermutlich nichts geändert hätte.

//

Wenn sich riesige dunkle Wolkengebilde am Firmament ansammeln, braust Donar, der Donnergott, mit seinem Wagen, der von einer Herde Ziegenböcke gezogen wird, durch den Himmel. In der Hand schwingt er seinen mächtigen Hammer, den ihm der Zwerg Sindri gefertigt hat. Jedes Mal, wenn der wütende Gott diesen magischen Hammer wirft, kehrt dieser auf wundersame Art, einen Bogen in der Luft beschreibend, in seine Hand zurück.

Der Specht gilt dem Donar als heilig. Sein Klopfen stellt den Donner dar, seine rote Haube den Blitz, dazu der Schnabel, den er wie einen Hammer benutzt.

Ob bei den Kelten, den Römern oder Griechen, bei allen Völkern wurde der Specht mit einer Mischung aus Achtung und Ehrfurcht behandelt. Er verbindet uns mit der Kraft der Weissagung, der Vorausschau und der wissenden Intuition. So heißt es.

//

Manchmal weiß man Dinge im Vorhinein. Man hat sie gesehen, vor seinem inneren Auge – untrüglich. Das Herz kennt bereits die Wahrheit, während der Verstand sie nicht wahrhaben will.

Eilig schob ich mich an der langen Schlange vor der Freibadkasse vorbei. An der Kasse saß heute nicht Frau Kaltenbach, sondern der dicke Franz. Als ich durchging, sah er kurz auf, aber beachtete mich kaum. Ich ließ den Kiosk hinter mir, rannte an den Bistrotischen vorbei, der von der Sonne erhitzte Teer brannte an meinen Fußsohlen. Ich rannte wie in Zeitlupe, tausend Gedanken schossen mir durch den Kopf, rannte auf die Gruppe Badegäste zu, die da unten am Eisbachufer im Kreis stand. Etwas abseits am Boden saß Holger. Er hatte seine schwarzen Cordhosenbeine mit beiden Armen umklammert und sah in den Himmel, die Augen hinter seiner großen silbernen Brille zusammengekniffen.

Die halbnackten Körper der Badegäste verstellten mir den Blick. Und doch wusste ich, was mich erwartete, mein Herz schlug laut in meiner Brust, ich wünschte, meine Vorahnung würde mich täuschen. Schließlich bahnte ich mir einen Weg durch die fleischigen Leiber.

Leblos lag ihr nasser Körper am Boden. Ihre lange Strähne klebte zerzaust an ihrer Wange. Die Augen waren offen und guckten etwas nach oben verdreht irgendwo ins Leere.

Man muss sie beatmen, dachte ich, Mund zu Mund oder wie das heißt, wie macht man das? Ich kniete mich neben sie, sah hilfesuchend zu den Leuten um mich herum auf, die da standen und gafften. Manche hielten sich erschrocken eine Hand vor den Mund.

Ihre Haut war blass, ich musste an Schneewittchen denken. Ich hob ihren Kopf an, ganz vorsichtig, er war schwerer als gedacht, ich muss ihr meinen Atem einhauchen, dachte ich, wie geht das? Ich presste meine Lippen auf ihre, die Lippen ganz kalt, ganz fremd, der Mund fest verschlossen. Ich pustete, prustete, wo es keinen Weg mehr gab.

«Nehmt doch mal den Jungen weg! Das bringt doch nichts mehr!», keifte eine Frau resolut in meinem Rücken.

Dann packten sie zu. Wo vorher keine helfende Hand gewesen war, da waren plötzlich viele Hände, die nach mir griffen, mich wegzerrten. Ich schrie, trat um mich, bäumte mich auf.

Als ich wieder aufwachte, lag ich im Krankenhaus. Es roch nach Desinfektionsmittel und bitterer Medizin. Das frischgestärkte Bettzeug fühlte sich an wie aus Pappe. Ich trug ein eigenartiges weites Hemd, dessen Muster aussah wie der geflieste Küchenboden bei Oma Martschi. In meiner Armbeuge klebte ein Pflaster, das Bett neben mir war leer. Irgendwo piepte ein Gerät. Draußen auf dem Flur hörte ich Leute entlanghasten. Ich hob meinen Kopf etwas an. Meine Mutter saß am Fußende meines Bettes und lächelte mich müde an, zwischen den Augen stand ihre Sorgenfalte.

Lange sagten wir nichts.

«Du hattest einen Schock», setzte sie zögerlich an, «aber vermutlich kannst du morgen schon wieder nach Hause.»

«Und … Anja?», fragte ich leise.

Meine Mutter schüttelte stumm den Kopf und fing an zu weinen. Ich sah wie durch sie hindurch, ihre Tränen ließen mich kalt.

Ich starrte an die Decke. Sechs Neonröhren, eine davon kaputt. An der kaputten war ein rostroter Fleck. Kann Blut so hoch spritzen?, fragte ich mich.

//

«Ich weiß, wie du dich fühlst.»

Frau König saß in ihrem grünen Ledersessel vor dem Fenster, die Beine übereinandergeschlagen. Ihr rechter Fuß vollführte ein paar wippende Bewegungen, während sie mich über ihre randlose Brille hinweg musterte.

In einer Ecke des geräumigen Praxiszimmers stand eine

große Palme in einem riesigen Terrakottatopf, der mit vielen kleinen braunen Tonkügelchen gefüllt war, wie in unserer Sparkassenfiliale. Darunter ein grünes Hundekörbchen, Frau König mochte offenbar Grün, in dem ihr kleiner Schoßhund, ein Chihuahua, an einem Knochen lutschte. Er war schon alt und hatte nur noch wenige Zähne, daher lutschte er mehr, als dass er kaute.

«Willst du mir etwas erzählen?», fragte sie mich gespielt beiläufig.

Mein Blick wanderte zwischen dem wippenden Fuß und dem Hundekörbchen hin und her. Warum gibt es Frauen, die König heißen, aber keine Männer, die Königin heißen?, schoss es mir durch den Kopf. Aber das traute ich mich nicht zu fragen.

Frau König lächelte mich freundlich an, mit ihrem professionellen Lächeln. Schließlich schüttelte ich den Kopf. Ich wusste nicht, was ich sagen sollte.

Immer wenn ich bei Frau König war, gab es diese Pausen. Lange Pausen, in denen geschwiegen wurde. Was im Wesentlichen an mir lag. Aber anders als mit Anja war es ein unangenehmes, anstrengendes Schweigen. Ein Schweigen, das mich unter Druck setzte. Los, sag etwas! Rede endlich!, schimpfte eine Stimme in meinem Kopf.

Immer stellte Frau König mir Fragen, obwohl sie scheinbar alles schon wusste. Sie fragte mich, wie es mir gehe, wie ich mich fühle. Und wenn sie selbst überhaupt etwas sagte, dann eigentlich nur, dass sie wisse, wie es mir gehe, und verstehe, wie ich mich fühle. Das wiederum so überzeugend, dass ich ihr durchaus Glauben schenkte. Mir war nur unklar, wie ich so etwas von ihr lernen sollte.

Der Hund war eingeschlafen und schnarchte leise vor sich hin.

Frau König schien es gar nicht zu bemerken: Wenn ich lange genug zu dem Hund hinguckte, wanderte auch ihre Aufmerksamkeit zu dem Tier, ihr Fuß hörte auf zu wippen, und sie fing an zu reden.

«Braver Inti», sagte sie.

Als der Hund seinen Namen hörte, sprangen seine Augenlider auf. Große, dunkle Kulleraugen glotzten fragend. Frau König nickte ihm kurz zu, sagte: «Fein!» Und kurz darauf war Inti bereits wieder eingeschlafen.

«Ich habe ihn nach dem Sonnengott der Inka benannt, die Inkas sind südamerikanische Ureinwohner gewesen», erklärte sie mir mit einem stolzen Lächeln.

Ich wusste, wer Inti war. Und ich kannte auch die Inkas. Aber das sagte ich nicht.

Der kleine Schoßhund schnarchte, neben ihm der Lutschknochen, und ich fragte mich nur, ob das der richtige Name für ihn war: Inti, der Sonnengott, einer der wichtigsten Götter der Inka und ihr Beschützer. Aber Frau König strahlte mich an wie frisch erleuchtet. Sie erzählte mir noch ein bisschen was von ihrem Sonnengotthund, dass er ein «Schleckermaul» sei und gerne nasche, vermutlich wie ich, dann schwiegen wir wieder, und als es drei viertel war, blickte sie zur Wanduhr und sagte: «So, das wär's für heute. Bis nächste Woche, Konrad.»

«Musst du jetzt in die Klapse?», fragte Julian, nachdem er sich eine Zigarette angezündet hatte.

Ich sah ihn ratlos an.

Meine Mutter hatte mir versichert, dass es ganz normal

sei, in meiner Situation «mal zu einer Psychologin» zu gehen. Trotzdem solle ich es niemandem erzählen. Warum, hatte sie nicht gesagt.

Am Abend zuvor hatte ich mitbekommen, wie sie meine Besuche bei Frau König gegenüber meinem Vater verteidigt hatte: «Was soll ich denn machen? Konrad verschließt sich komplett!»

Mein Vater hatte erregt zurückgeflüstert: «Moment mal. Mein Sohn hat doch keine Meise!»

«Das sagt doch auch keiner!»

«Und was soll er dann bei dieser Schnepfe?»

«Das ist keine Schnepfe!»

«Warum muss er denn zum Psychiater?»

«Muss er ja nicht.» Meine Mutter hatte leise gestöhnt. «Frau König sagt nur, man sollte ihn unterstützen.»

«Ey!» Julian schnipste hektisch vor meinem Gesicht herum. «Alles okay?»

«Klar!» Ich zuckte mit den Schultern.

Er sah mich nachdenklich an.

«Frau Zydek, unsere alte Haushälterin, die war auch immer beim Psychiater. Irgendwann kam sie nicht mehr. Meine Mutter sagt, sie ist in die Klapse gekommen. Sie hat Stimmen gehört und so n Scheiß.» Er zog an seiner Zigarette. «Jedenfalls, da ist sie wohl immer noch. Kriegt jede Menge Tabletten. So Psycho-Pillen. Wenn du die mit Alkohol runterspülst, kommste voll drauf. LSD-mäßig, sagt Erbse.» Er blies einen großen Rauchkringel in die Luft. «Kriegst du Pillen?»

Ich schüttelte den Kopf.

Er nickte. «Nee, klar. Du hörst ja auch keine Stimmen.» Und damit trat er die Zigarette aus.

Mir war etwas eigenartig zumute. Ich bekam Pillen. «Wattetabletten» nannte ich sie. Denn wenn ich sie abends einnahm, fühlte ich mich taub und wie auf Watte gebettet. Es war ein wenig, wie wenn man einen dicken, schweren Vorhang zuzieht. Und dahinter hat es geschneit. Die Welt ist hell und trotzdem kalt. Und alle Geräusche sind durch den Schnee gedämmt, das Leben wird leiser und langsamer.

Aber meine Wattetabletten waren da, weil Anja fort war. Ich wusste nicht, ob sie mir helfen würden. Auf jeden Fall wollte ich nicht, dass sie in Julians oder Erbses Drogenkabinett wanderten, da war ich mir sicher.

//

Wenn Frau König mich nach der Therapiestunde verabschiedete, ging ich an den dunklen Holztresen der Sprechstundenhilfe.

«Bitte mit vollständigem Namen unterschreiben!» Die junge Sekretärin mit ihrer blonden Dauerwelle lächelte mich freundlich an und reichte mir den linierten Papierbogen. Ich fühlte mich jedes Mal wie ein Erwachsener, wenn ich meinen Namen in einer schnellen, fließenden Bewegung, ganz so, als würde ich ständig irgendwelche Dokumente abzeichnen, auf das Papier setzte.

Manche Dinge ergeben erst im Nachhinein einen Sinn. Ich wurde an einem Dienstag im März geboren und heiße Konrad Markus Feldmann.

Der Name Konrad kommt aus dem Mittelhochdeutschen

und heißt so viel wie «kühner Ratgeber». Markus hingegen kommt aus dem Lateinischen und bedeutet «dem Mars geweiht».

Neben Jupiter war Mars der wichtigste Gott bei den Römern. Heute ist er als Kriegsgott bekannt, doch ursprünglich war er der Gott des Ackerbaus und für das Gedeihen der Pflanzen verantwortlich.

Der Legende nach ging Juno, die Königin der Göttinnen, die auch die Göttin der Geburt und der Ehe ist, an einer prachtvoll blühenden Orchidee vorbei. Da fielen die stolzen Blüten herab, die edle Blume war nur noch ein welker, karger Stängel und Juno daraufhin schwanger – mit Mars. Ganz ohne das Zutun ihres Gatten Jupiter.

Mars wiederum war der Vater von Romulus und Remus, den späteren Gründern Roms. Die beiden wurden von ihrem herrschsüchtigen Onkel auf dem Tiber ausgesetzt, und wer rettete sie? Die heiligen Tiere des Mars: der Wolf und der Specht. Während die Wölfin die Zwillinge mit ihren Zitzen stillte, brachte der Specht ihnen kleine Futterbrocken. So ist auf dem Kriegsschild des Mars nicht etwa ein Falke oder Adler, sondern ein Specht abgebildet. Unser heutiges Symbol für das männliche Geschlecht ist das Marssymbol: ein runder Schild, hinter dem ein Speer hervorragt.

Doch zurück zu mir: Ich wurde an einem Dienstag geboren. Der Begriff ist abgeleitet vom *dies Martis*, dem «Tag des Mars». Der Monat März wiederum ist ebenfalls dem Mars geweiht und war im römischen Kalender ursprünglich der erste Monat des Jahres.

Eines Tages fragte ich meine Mutter, warum sie mich mit Zweitnamen Markus genannt hätte.

«Wir haben überlegt, ob Markus oder Martin», lautete ihre Antwort, «wieso?»

Das half mir nicht weiter. Martin bedeutet «Sohn des Mars».

//

Es war schrecklich einfach. Ich stand mit Holger vor den großen Sonnenblumen im Garten seiner Eltern, jeder ein leeres Marmeladenglas in der Hand. Um uns herum flogen die Bienen, die Luft war erfüllt von ihrem friedvollen Summen. Ich hielt mein geöffnetes Glas unter eine der mächtigen Blüten, schubste die Biene behutsam hinein und schloss rasch den Deckel. Jetzt brauchte man das Glas nur noch wie einen Cocktail zu schütteln, die Biene war dann benommen, man nahm den Deckel ab und stürzte es kopfüber auf den Tisch. Wenn das kleine pelzige Insekt dann allmählich zu krabbeln begann, hob man das Glas ein winziges Stück an, und die Biene machte sich auf den Weg in die vermeintliche Freiheit. Doch kaum war sie mit dem Kopf über den Glasrand hinaus, drückte man das Marmeladenglas kräftig auf den Tisch und drehte es einmal hin und her. Das Chitin knackte leise. Der abgetrennte Kopf kam in die Sammlung, den zuckenden Rumpf fegte ich vom Tisch, dann kam die nächste Biene dran. Holger klatschte begeistert in die Hände.

Zwischen den Mandibeln von manch abgetrenntem Bienenkopf fuhr noch minutenlang suchend der Saugrüssel hervor. Die Fühler auf den rumpflosen Köpfen bewegten sich hin und her, auch der Hinterleib der Biene pulsierte noch eine Ewigkeit. Ich sah all das und war erstaunt, wie leicht mir diese «Arbeit» von der Hand ging – obwohl ich Tiere doch liebte. Ich fühlte mich leer und abgestumpft. Die kleinen Köpfe fielen einer nach dem anderen ins Glas, und Holger applaudierte.

Seitdem Anja nicht mehr da war, spürte ich eine Leere in mir, wie ich sie zuvor nicht gekannt hatte. Ich wollte weinen, wollte am liebsten laut losheulen, aber mein Herz blieb stumm, mein Auge trocken.

Manchmal, wenn ich nicht mehr konnte, ärgerte ich Holger. Als wir im Park unter einer der Eichen saßen, erklärte ich ihm, dass böse Männer kommen und ihn holen würden.

«Wirklich, Konni?»

«Ja. Was meinst du, warum Anja ertrunken ist?»

Seine durch die dicke Brille lupenartig vergrößerten Augäpfel schienen noch größer zu werden. «Ehrlich, Konni?»

«Wenn ich's dir sage. Sie kommen. Ich hab sie gesehen. Sie haben auch versucht, mich zu holen, ich konnte ihnen gerade noch entkommen.»

«Holger hat nichts getan!» Seine Stimme rutschte eine Oktave höher.

«Das ist ihnen egal.»

«Aber meine Mama …»

«Deine Mama kann dann auch nichts mehr machen», fuhr ich ihn an. «Kapierst du das nicht? Sie kommen, wenn deine Mama arbeitet oder gerade einkaufen ist. Sie kommen, und dann zwingen sie dich in den Eisbach … wie Anja.»

Holgers Unterlippe zitterte. «Konni. Konni, du bist mein Freund. Du wirst Holger helfen.»

Ich sah in seine großen, angsterfüllten Augen. «Tut mir leid, Holger», flüsterte ich mit ehrlicher Betroffenheit. «Wenn die Männer kommen, bin ich machtlos. Du hast es gesehen. Bei Anja.»

Da schossen Holger die Tränen ins Gesicht. Er schluchzte auf wie ein kleines Kind, und aus seinem Mund kamen nur noch Schnodder und unverständliche Laute. Das rührte mich. Ich schloss ihn in meine Arme. Sein Polohemd roch nach Weichspüler und Spucke. Ich drückte ihn an mich, streichelte seine Zuckerwattehaare, und endlich, endlich konnte auch ich weinen.

Irgendwann, ich hielt ihn immer noch in meinen Armen, am Fuß der Eiche, sagte ich: «Alles wird gut. Der Konni wird dich beschützen.» Und, wie um mir selber Mut zu machen, nickte ich dazu – genau wie Holger.

//

«'s werd' a heißer Sommer werden», hatte Oma Kaltenbach gesagt. «Wenn's an Sankt Florian schon so warm ist, dass mir die Floriansmühle öffnen können, dann werd's a heißer Sommer.»

Oma Kaltenbach war auf der Mühle groß geworden und kannte die Spielregeln. In diesem Jahr war das Freibad schon am Tag des heiligen Florian eröffnet worden, dem vierten Mai, und in der Tat war es ein heißer Sommer geworden.

Am Florianstag waren mein Bruder und ich nach der Schule gleich ins Schwimmbad gegangen. Und da an der Kasse noch nicht viel los war, hatte ich Frau Kaltenbach gefragt, wer der heilige Florian eigentlich gewesen sei. Ich war nicht katholisch, aber ich mochte es, wenn Frau Kaltenbach mir Geschichten über katholische Heilige und Märtyrer erzählte, die in der Regel auch etwas gruselig waren.

«Unser Florian?», fragte sie. «Des is einer der wichtigsten Schutzpatrone der Bauern und vor allem der Feuerwehr. Obwohl er ja eigentlich mehr mit dem Wasser zu tun hat.»

Sie nahm ihre Brille ab.

Im vierten Jahrhundert nach Christus, als das römische Reich noch über Österreich und Bayern hinausreichte, war Florian ein Offizier im römischen Heer gewesen, in Oberösterreich, erfuhr ich. Florian war zu der Zeit einer der wenigen Christen.

«Der römische Kaiser hat die Christen verfolgt. Vierzig Christen hat er damals in einen Kerker werfen lassen, grausam wurden sie gefoltert. Der gute Florian wollt' ihnen zu Hilfe kommen und hat versucht, sie zu befreien. Dummerweise ham's ihn erwischt. Hätt' er den römischen Göttern geopfert und dem christlichen Glauben abgeschworen, hätten's ihm wohl verziehen. Aber das tat der Florian nicht. Und so wurd er verhaftet und schrecklich gefoltert. Mit ihren spitzen Lanzen ham's ihm beide Schulterblätter gebrochen.»

Frau Kaltenbach funkelte mich düster an.

«Aber Florian war noch immer zu keinerlei Zugeständnissen bereit, und da ham's ihn dann zum Tode verurteilt. Bei lebendigem Leibe verbrannt sollt' er werden. Doch der Florian hat zu den Römern gesagt: ‹Wenn ihr mich verbrennt, werd' ich auf den Flammen in den Himmel emporsteigen.› »

Sie lachte leise.

«Da ham's ihn nimmer verbrennen wollen. Da ham's Angst kriegt, die Römer. Sie ham sich dacht, es sei besser, den Florian im Fluss zu ertränken, und haben ihm einen Mühlstein um den Hals gebunden und wollten ihn von der Brücke ins Wasser stoßen. Der Florian hat unterdessen die ganze Zeit gebetet. Und die Soldaten ham lange braucht, weil's sich nicht ham einig werden können, wer jetzt den Florian von der Brücken runterschubst. Aber irgendwann ist ein junger Soldat wütend g'worden und hat dem armen Florian den Stoß gegeben. Da ist er dann ertrunken.»

Sie sah mich mit ihren wässrig grünen Augen an, die mich an das Wasser des Eisbachs erinnerten.

«Aber der Soldat, der ihn geschubst hat, dem sind zur Strafe Gottes beide Augen aus'm Kopf g'fallen. Des war an einem vierten Mai, und deswegen feiern mir heut den Florianstag.»

Aber sie war noch nicht fertig. Kurz sah sie zu dem strahlend blauen Himmel hinauf, in dem der Florian wohl irgendwo seinen Namenstag feierte, und fuhr dann fort: «Sein Leichnam ist den Fluss hinuntergetrieben und wurde an einem Felsen angeschwemmt. Da hat ihn dann ein riesiger Adler mit ausgebreiteten Schwingen bewacht, und kein Römer konnt' den Leichnam schänden. Und so ist er der Valeria, einer frommen Katholikin, im Traum erschienen. Sie hat sich auch gleich auf den Weg gemacht, um dem geschundenen Leichnam vom Florian seine letzte Ruhestätte zu geben. Der Herrgott hat ihr den Weg gewiesen. Und als sie ihn fand, lud sie den Leichnam auf ihren Viehwagen und bedeckte ihn mit Zweigen, dass sie unterwegs von den sündigen Römern net entdeckt wird.

Doch die Wege und Straßen zu derer Zeit waren mühsam und beschwerlich. Irgendwann auf der langen Reise sind ihre Ochsen müd' geworden, zum Trinken hat sie auch nix mehr gehabt, und da wollten die Tiere nimmer weiterlaufen. Da hat sich die Valeria an den Wegesrand gesetzt und hat zum Beten angefangen. In dem Moment fiel ein Sonnenstrahl auf ihr Haupt, und zu ihren Füßen ist genau dort eine Quelle entsprungen, und die Tiere konnten trinken. Und so ist die gute Valeria dann doch noch heimkommen und konnt' den Florian bestatten. Die Quelle gib's heut noch, des is der Florianbrunnen in St. Florian.»

Sie wischte sich eine Träne aus dem Augenwinkel, aber das tat Oma Kaltenbach oft. Wobei ich nie wusste, ob es das Alter war, das ihre Augen tränen ließ, oder das Herz.

Dann setzte sie ihre Brille wieder auf und wandte sich zu mir. «Und nach dem heiligen Florian war unsere Mühle benannt. Als mein Mann, Gott hab ihn selig, das Schwimmbad hat erbauen lassen, da hat er's ‹Familienbad Floriansmühle› genannt. So. Und jetzt schau, dass du schwimmen gehst. Wärmer wird's heit nimmer.»

//

Die Sommerferien waren zu Ende, das neue Schuljahr begann.

Morgens musste ich wieder früh aufstehen, und nach dem Acht-Uhr-Gong erhoben wir uns alle und beteten zum kleinen Holzkreuz im Herrgottswinkel. Mein Klassenlehrer warf mir missmutige Blicke zu, denn im Gegensatz zu meinen Klassenkameraden faltete ich die Hände dabei so, wie ich es gelernt hatte: wie ein Protestant. Ich schämte mich, wenngleich ich nicht wusste, wofür. Ich starrte auf das kleine hellbraune Holzmännlein, das mit ausgebreiteten Armen und schmerzverzerrtem Gesicht dort oben hing, und dachte an Anja. Wie hatte sie wohl die Hände gefaltet? Hatte sie überhaupt gebetet?

An einem Montag im Dezember starb Frau Kaltenbach. Ihre Tochter, unsere Vermieterin, erzählte meiner Mutter unter Tränen, dass sie am Morgen einfach nicht mehr aufgewacht war. Sie war vierundneunzig Jahre alt geworden.

Eine Woche später war ich zum ersten Mal in meinem Leben auf einer Beerdigung. «Unser Konrad mochte sie besonders», hatte meine Mutter entschieden, und so liefen wir an einem sonnigen Vormittag an den riesigen Schaufenstern der Leichenhalle des Nordfriedhofs entlang. Die ersten Fenster waren leer, dann kam eines, in dem die üppigen Grabkränze bereits auf diversen Ständern drapiert waren, nur die Hauptperson fehlte noch. Und dann kam Oma Kaltenbach.

Sie lag dort in einem Meer von Blumen, und es sah wirklich aus, als wäre sie einfach nur nicht mehr aufgewacht, als schlafe sie noch immer. Wobei: Irgendetwas war merkwürdig. Vielleicht lag es an der Frisur. Für gewöhnlich trug Frau Kaltenbach einen Dutt. Nun hatte man ihr das Haar geöffnet, und so lag es weiß und wallend, sorgsam gekämmt, auf ihren kalten Schultern. Und normalerweise trug Frau Kaltenbach eine Brille, und wenn sie sie gerade nicht trug, baumelte sie an einer silbernen Kette um ihren Hals. Beides fehlte.

Ich trat ganz nah an die Scheibe heran. Irgendetwas war

anders. Trotz ihres hohen Alters sah Frau Kaltenbach, so wie sie dort friedlich lag, auf einmal ganz jung aus. Sie sah aus wie ein schlafendes Mädchen. Ich schluckte. Unsere Vermieterin war neben mich getreten, sie legte mir vorsichtig die Hand auf die Schulter.

«Da liegt sie, unsere Mutti», sagte sie leise.

Ich versuchte noch, die Tränen zu unterdrücken, aber nun gab es kein Halten mehr, und es floss aus mir heraus.

Sie sah mich an, drückte mich an sich. Ich hielt mich an ihr fest, krallte mich in ihr schwarzes Kleid, schluchzte kurz auf.

«Konrad», hörte ich irgendwann die besorgte Stimme meiner Mutter, und dann hatte ich mich wieder im Griff.

Ein paar Monate später zogen wir um. Meine Eltern hatten sich ihren Traum verwirklicht und ein kleines Reihenhaus im Münchner Osten gekauft. Neu gebaut, weißer Rauputz mit dunkel gerahmten, schalldichten Plastikfenstern. Ich bekam ein eigenes Zimmer, mein Bruder ebenfalls.

Ich besuchte eine neue Schule. Und auf einmal hieß ich wieder Konrad. «Konni» wurde ich nie wieder genannt. Das alles war mir sehr recht. Es half mir zu vergessen. Anja, Holger und auch die Floriansmühle.

Neue Freunde, später auch Freundinnen, fragten mich nicht mehr, ob ich ihnen eine Geschichte erzähle. Und so verschwanden allmählich auch all die Sagen und Märchen aus meinem Kopf.

Nur einmal noch, drei Jahre später, war ich in der Flori. Mein Vater hatte in der Zeitung gelesen, dass man das Freibadgelände an einen Investor verkaufen werde.

Alles war anders: Vorne an der Kasse bezahlte ich meine Eintrittskarte wie alle anderen, dann lief ich den Weg an den Bistrotischen entlang. Am letzten Tisch sah ich Rudi sitzen. Ich zwinkerte ihm zu, er sah mich kurz an, aber offenbar erkannte er mich nicht. Dann war er auch schon wieder in sein Kartenspiel vertieft, und ich ging weiter.

Nachdem ich im großen Becken geschwommen war, wollte ich mich wie früher zum Aufwärmen auf den heißen Teerweg legen. Nass wie ich war, kam ich an der Stelle vorbei, wo sie gelegen hatte. Ich starrte auf den schwarzen Asphalt, schließlich trocknete ich mich ab und packte meine Sachen zusammen.

Am Kiosk vorbei, in dem eine Verkäuferin stand, die ich nicht kannte, lief ich zum Ausgang. Ich überquerte die Straße, rüber zu Holgers Haus. Aber das Klingelschild war ausgetauscht worden, auch der Garten sah ganz anders aus, die Apfelbäume gab es nicht mehr.

Ein paar Wochen darauf las ich, dass die Floriansmühle geschlossen worden war – ein großer Bankkonzern wollte ein Erholungsgelände für seine Mitarbeiter daraus machen. Und darüber war ich fast ein wenig froh.

//

Ob es heute noch Regen geben wird?

Außer Atem stehe ich an der großen Eiche und sehe in den Himmel: ein diffuses Grau, das alle Möglichkeiten offenhält. Ich recke und dehne mich.

Früher bin ich beweglicher gewesen.

«Kick! Kick! Kick!», höre ich es über mir rufen und blicke den Stamm hoch. Dort oben sitzt ein Buntspecht, stolz und erhaben sieht er aus. Er hält inne, neigt den Kopf etwas, und ich habe das Gefühl, er blickt zu mir her.

«Ich wusste, dass Spechte Götter sind», fallen mir Anjas Worte ein. Und auf einmal sehe ich sie wieder vor mir, wie sie neben mir liegt. Anja in ihrem kleinen Zuhause, das nur aus Gebüsch, Laub und ein paar Ästen besteht – diesem kleinen, geheimen Ort, an dem ich mich einen ganzen Sommer lang so geborgen gefühlt habe.

Es kitzelt an meiner Wange. Wie ein Maler seinen feinen Pinsel hält Anja das Ende ihrer langen Strähne zwischen ihren Fingerspitzen. Ihre Augenbrauen leicht gekräuselt, die Lippen nur ein wenig geöffnet. Hinter ihrer Zahnlücke kann ich ihre Zungenspitze erahnen. Ich sehe sie vor mir, während ich nach oben in den blauen, wolkenlosen Himmel schaue.

Mauersegler fliegen durch die Luft, im Hintergrund hört man leise den Eisbach plätschern. Und Anja malt mit ihrem feinen Pinsel imaginäre Bilder auf meine Wange. War das ein Herz? Es fühlt sich so an. Das könnte «A + K» gewesen sein.

Ich blicke in den Himmel. Anja malt.

Irgendwann flüstert sie: «Erzählst du mir noch eine Geschichte?»

«Klar», antworte ich.

Dabei weiß ich gar keine. Aber ich weiß, es wird eine kommen. Ich muss nur warten.

Und wie ich da liege und Anjas Bilder auf meiner Wange

spüre, denke ich an unsere erste Begegnung. Als ich Anja zum ersten Mal sah. Wie sie da stand, am Eisbachufer, den toten Specht in ihren Händen.

«Kennst du die Sage von Picus?», taucht ganz unvermittelt die Geschichte in mir auf.

Kurz bewegt sich die Zahnlücke in meinem Augenwinkel verneinend hin und her.

«Vor langer, langer Zeit, als die Götter noch auf der Erde wohnten, war Picus der erste König von Latium. Er war ein Sohn des Saturnus und muss wunderschön gewesen sein. Und wegen seiner Schönheit und Ritterlichkeit, denn er war wohl auch sehr mutig, wurde er von allen Nymphen – so nannten sie damals die Naturgeister –, den Nymphen der Quellen, Seen und Bäume, verehrt.

Doch Picus' ganze Liebe galt nur einer einzigen Nymphe: Sie wurde ‹Canens›, die Sängerin, genannt. Der Sage nach war sie nicht nur schön, ihr Gesang rührte alle Wesen. Nicht nur die Götter und die Menschen, sondern auch Flüsse und Steine, ja sogar die wilden Tiere des Waldes.

Canens wurde seine angetraute Gattin, und sie waren ein glückliches Liebespaar.

Eines Tages reitet Picus mit seinem Gefolge zur Wildschweinjagd aus. Tief im Wald, hinter einem Gebüsch verborgen, erblickt ihn Circe, die Zauberin, die gerade Hexenkräuter sammelt. Ganz betört von seiner Schönheit, lässt sie die Kräuter fallen. Sie kann die Augen nicht mehr von ihm lassen. Wie eine lodernde Flamme schießt es ihr durch Mark und Bein.

Am liebsten will sie ihm gleich ihre Liebe gestehen. Aber Picus sitzt auf seinem Pferd, umgeben von seinen Trabanten – kein Weg, an ihn heranzukommen.

Doch wozu ist Circe eine Zauberin? Und so zaubert sie das Trugbild eines riesigen Ebers herbei, nur für Picus sichtbar. Dieser prächtige Eber verschwindet vor ihm im unzugänglichen Dickicht. Auf seinem Ross kommt Picus nicht durch das verwachsene Gesträuch, und so schwingt er sich kurzerhand vom Rücken seines vor Anstrengung dampfenden Pferdes und schlägt sich allein durchs finstere Gestrüpp.

Von seinen Gefährten weggelockt, erscheint ihm im tiefsten Dickicht plötzlich Circe, sie spricht ihn an und gesteht ihm ihre unbändige Liebe. Doch soviel sie ihn auch umgarnt, ihn beschwört, Picus bleibt seiner Gattin treu und lehnt dankend ab.

Circe kann es nicht glauben, sie redet weiter auf ihn ein, und als sie schließlich erkennt, dass all ihr Drängen vergebens ist, schlägt ihre Liebe in maßlose Wut um. Rasend vor Zorn beschließt sie, sich zu rächen: ‹Nie wieder kehrst du zu Canens zurück!›, ruft sie. Und damit wendet sie sich zweimal nach Westen, dann zweimal nach Osten, sie berührt ihn dreimal mit ihrem Zauberstab und murmelt dabei ein paar eigentümliche Verse.

Picus, dem das Ganze unheimlich wird, flieht. Doch während er noch durch das dichte Gestrüpp rennt, bemerkt er zu seinem eigenen Erstaunen, dass er immer schneller wird, viel schneller, als er jemals gewesen ist. Und noch ehe er den Wald verlassen hat, ist sein purpurner Mantel zu rotem Gefieder geworden, seine Arme werden zu Flügeln, sein ganzer Leib ist nun ein Federkleid, und aus seinem Gesicht wächst ein langer, spitzer Schnabel.

Picus hat sich in einen Specht verwandelt.

Seine Gefährten rufen unterdessen überall nach ihm. Sie

durchsuchen den gesamten Wald und können ihren König doch nirgends finden. Und während sie suchen, treffen sie plötzlich auf die Zauberin, beschuldigen sie, für sein Verschwinden verantwortlich zu sein, und fordern den König zurück. Wütend drohen sie ihr Gewalt an und greifen nach ihren Waffen.

Da wirbelt Circe plötzlich herum und besprengt alles mit Gift. Laut ruft sie die finsteren Mächte der Nacht und Hekate, die Göttin der Magie, herbei.

Ein schreckliches Stöhnen erschallt aus der Erde. Die Bäume erblassen, aus dem vergifteten Gras dringen blutige Tropfen, und selbst die Steine stoßen, so scheint es, ein heiseres Gebrüll aus. Hundegebell ist zu hören. Schwarze Nattern kriechen überall umher, und durch die Luft fliegen die Geister der Toten.

Starr vor Schrecken hält der ganze Tross inne. Da berührt Circe die Entsetzten mit ihrem Zauberstab, und sie verwandeln sich allesamt augenblicklich in wilde Tiere.»

//

Ich stehe unter der Eiche, blicke hoch zu dem Specht, wie er da oben am Stamm des Baumes sitzt und an der Rinde pickt.

«Anja?», rufe ich plötzlich.

Kurz hält er inne, dann flattert er davon.

Ich danke Gaby und Claus Doppelhamer, den Nachfahren der Familie Kaltenbach, ich danke Susanne Sturm und Michael Degen sowie dem wunderbaren Rowohlt · Berlin Verlag, allen voran Sarah Otter, Wilhelm Trapp und Gunnar Schmidt.

Und vor allem danke ich meiner Frau für ihre Unterstützung.